시 대 로   보 는

한 국
교육사

시 대 로 보 는

한 국
교육사

—— 차석기 지음 ——

머리말

    교육은 민족의 역사와 전통 위에 민족의 문화유산을 다음 세대에 계승시켜 그것을 창조적으로 발전시키는 것이다. 큰 의미로는 「민족교육」이라 할 수 있다. 그런데 한국에서는 이러한 입장이 학문적으로 깊게 소개되지도 못했고, 실천에 근거를 두고 속뜻을 깊이 생각하지 못했다. 한국교육학의 역사가 짧은 탓도 있으며, 그보다 더 큰 원인은 한때 외국의 학문과 학설이 짧은 시일에 물밀듯이 들어와 우리는 우리의 것, 우리의 문제를 우리의 시각에서 처리해야 한다는 「문화교육학」의 입장이 뿌리내릴 여유를 갖지 못하였기 때문이다. 그러나 우리나라 대학에 교육학과가 많이 생겨났고, 1970년경에는 대학교에서 뒤처진 한국교육사 개설 학교가 증설되었다.

    이 책을 집필한 원인은 필자가 대학에서 한국교육사를 강의할 때, 수강생 대부분이 강의 내용보다는 한자를 읽기 힘들어하는 것을 보았기 때문이다. 그런 까닭에 퇴직 후 연구 활동으로 한국교육사 집필에 몰두하였고, 여러 해를 지나서 드디어 이루어졌다.

    이러한 이유로 이 책은 몇 가지 특징이 있다. 먼저 형식 면에서는 크게 다음 두 가지 특징이 있다. 하나는 이 책의 모든 문장을 한글로 작성하였다는 점이고, 또 다른 특징은 옛 문헌이나 실록 등을 인용할 때 문장의 요점을 짧은 글로 쉽게 설명하도록 노력하였다는 점이다. 특히 한국 국학 고전은 거의 한문으로 되어있다. 그런즉 고유명사, 고서, 동음이자(同音異字) 등 불가피한 것은 토씨(한문을 읽을 때 한문의 구절에 붙여 읽는 우리말)를 사용하였다.

다음은 연구 진행상 특히 노력한 점과 사관(史觀)을 해석하는 입장에서 오는 문제의 선택이 있을 수 있겠다. 그런 문제를 다음에 덧붙여 소개하겠다.

첫째, 역사상에 사실(史實)이라도 그것이 동기부여의 원인이 되는 외적 자극으로 역사적 사실을 일으키는 원인이 반드시 수반된다. 따라서 그 사실의 원인을 찾으려 노력하였다.

둘째, 조선 왕조 마지막 부분인 순종시대는 우리나라 역사상 처음 국권을 잃어버리고 식민지로 전락하였던 시기가 분명하다. 그러나 필자는 이 시기를 잠정적 민족교육기로 명명한다(본서 3부 제9절 민족교육을 위한 종합적 소신 참조). 이 시기는 교육사적으로 학생들이 침략국과 당당하게 맞서 무저항주의로 투쟁한 3.1 운동, 6.10 만세 운동 그리고 광주학생운동 등 전국적인 민족 저항운동의 토대가 되는 시기이기 때문이다. 이와 같은 학생운동과 비밀결사 운동, 문자보급운동 등 1930년대 집단적 실력 운동은 찬란한 금자탑을 이뤄 놓았고, 나는 당시 학생들이 심중에 간직한, "국가 없는 민족의 슬픈 운명에 대한 뼈저린 아픔"을 현대 학생들도 느껴보았으면 한다.

마지막으로 학문적으로 성장하기까지 이끌어주신 교수님과 한국학 연구에 필요한 한문 강독 및 고문헌 지도를 특별히 이끌어주신 성균관대학교 동양철학과 김 교수님, 여러 해 지도해주신 은혜에 심심한 감사를 드립니다. 그리고 이 책을 저술하는 데에 바탕이 되는 자료를 거두어 준 신천식 교수와 김호일 교수에게 고마운 마음을 전합니다.

2019년 12월 20일
필자 차석기 씀

목 차

2부　고려시대의 교육

3부 조선시대의 교육

4부 민족 저항기의 교육

〈표 차례〉

고대사회의 교육

제1절

고조선의 교육

1. 고조선이 이루어진 의미

우리나라 부족사회에서, 대륙의 교통이 해륙(海陸)으로 편리하고 땅이 걸고 기름진 평야를 지닌 대동강 유역에서 발달되어 있는 평양은, 그 중심지가 되어왔다. 따라서 우리나라 고대국가 활동의 시초도 이곳을 중심으로 발달하여 왔으며, 이와 같은 요건에서 가장 먼저 국가의 형태로 나타난 것이 고조선이다. 고조선의 건국과 성립에 대하여 학자들 간에 이론이 제기되고 있지만, 이전부터 있던 사례에 따르면 고조선은 크게 단군조선(檀君朝鮮), 기자조선(箕子朝鮮), 위만조선(衛滿朝鮮)으로 구분된다. 단군조선은 우리나라 국가 활동의 가장 시초로서 위서(魏書:중국의 정사)를 인용한 『삼국유사』에 쓰여 있는데,「위서에 이르되 지금부터 2천 년 전에 단군왕검이 있어 도읍을 아사달에 정하고 나라를 처음으로 창설하니 조선이라 일컬었으며 요(堯)와 동시대l)라 하였으니 이때가 기원전 2333년이다. 그 후 이웃 나라 중국과의 빈번한 접촉으로 사회적 변화가 촉구되었으

---

1) 일연, 『삼국유사(三國遺事)』 권1, 기이(紀異) 고조선조(古朝鮮條).

며 이와 같은 추세에서 차차 이차적인 정치 세력이 형성되어 군소(群小)의 여러 부족국가(部族國家)를 통솔하게 되었다. 이것이 이른바 이제까지 불려오던 기자조선이다.

그 후 다시 정치 사회의 변화와 더불어 고조선 사회에 새로운 지배체제가 나타났다. 이것이 고조선 마지막 왕이 직접 다스리는 왕조인 위만조선이다[2]. 그러나 이와 같이 고조선에 관한 기록은 일반 역사학자들의 연구에 의하여 많은 문제점이 제기되고 있다. 첫째로 단군조선의 실제 존재 여부, 둘째로는 기자(箕子)의 동래설에 대한 진위, 그리고 셋째로 위만(衛滿)의 국적에 관한 것이 바로 그것이다.

단군조선의 기록에 관하여는 대부분의 학자가 고대사회의 보편적 신화의 일종으로 보며, 단군의 인격성을 부인하고 결과적으로 단군조선 자체도 하나의 설화로 해석하려는 움직임이 나타나고 있지만, 최근 이 방면에 대하여 꾸준한 연구를 쌓은 문정창 씨는 『단군조선 사기 연구』라는 저서를 내어 지금까지 있었던 단군조선의 해석에 대해 강력하게 도전하고 있다.[3]

기자조선의 동래설에 대하여는 거의 모든 학자가 부인하고 있으며, 단지 그 명칭에 대하여 「한씨조선(韓氏朝鮮)」 말고도 여러 가지 명칭이 나타나 약간의 의문이 제기되고 있을 뿐이다.

위만의 국적 문제에 대해서도 북경인이라거나 조선인이라는 등 의견이 서로 빗나가 아직까지 해결하지 못한 국사의 문제점으로 남아 있다. 역사학자들에 의하여 이와 같은 문제점이 떠오르게 된지는 이미 오래 되었으며, 아직까지도 완전히 밝혀지지 못하고 있다는 것은

---

2) 이홍직 외, 『국사신강(國史新講)』, 일조각, 1961, p.22.

3) 문정창, 『단군조선사기연구(檀君朝鮮史記研究)』, 백문당, 1966, p.71.

한국교육사 연구에 많은 문제점이 포함되어 있을 것으로 사료된다.

2. 단군설화를 통해서 본 교육의 의미

현실적으로,『삼국유사』첫머리에 있는 단군조선의 기록을 액면 그대로 믿을 수는 없다. 그러나 국가를 막론하고 개국의 시초가 그것에 따른 역사상 사실에 신비적 요소를 보태어 설화의 형식으로 전래되는 것은 흔히 볼 수 있는 사실이다. 따라서 「개국의 설화(說話)」의 내용을 전적으로 무시할 수 없으며, 오히려 그것을 통하여 당시의 정치·경제·사회의 모습을 엿볼 수 있다는 데서 보다 큰 의미를 갖는 것이다. 특히 우리나라 개국에 따르는 설화적 내용은 물론 역사학자들에 의하여 여러 각도로 해석되고 있지만, 교육사적 측면에서 살펴볼 때 더욱 깊고 큰 의미를 발견할 수 있다.『삼국유사』에 「항상 뜻을 천하에 두어 인간 세상을 탐내어 구하고자 한 서자 환웅(桓雄)의 뜻을 알게 된 환인(桓因)은 태백산 신단수 아래에 끝을 정하여 신시(神市)를 베풀게 하며, 홍익인간(弘益人間: 널리 인간세계를 이롭게 함)의 이념을 실현하도록 했다」는 사실이 있다.[4] 이것으로써 당시 무교육 상태(狀態)의 인간들을 교화해야겠다는, 환웅의 교육자로서의 양심을 발견할 수 있다. 또한, 탐구인세(貪求人世)의 현실적 목표로서 널리 홍익인간을 베풀고 있으니 이로써 교육목표로서의 홍익인간 이념을 찾아볼 수 있다. 이와 같이 교육목표로서 새로 만들어 정했던

---

4) 일연,『삼국유사(三國遺事)』권1, 기이(紀異) 고조선조(古朝鮮條).「昔有桓因 庶子桓雄 數意天下 貪求人世 父知子意 下視三危太白 可以弘益人間 乃授天符印三箇 遣往理之 雄率徒三千 降於太伯 山頂 神壇樹下 謂之神市」.

홍익인간의 개념은, 현재 우리나라 「교육기본법」(2007.12.21. 개정) 제2조(교육이념)이 「교육은 홍익인간(弘益人間)의 이념 아래 모든 국민으로 하여금 인격을 도야(陶冶)하고 자주적 생활능력과 민주시민으로서 필요한 자질을 갖추게 함으로써 인간다운 삶을 영위하게 하고 민주국가의 발전과 인류공영(人類共榮)의 이상을 실현하는 데에 이바지하게 함을 목적으로 한다」[5]라고 되어있어, 현대 교육이념에서도 기원을 형성하고 있으니 그 의미는 더없이 크다고 할 수 있다. 그리고 환웅은 이미 설정된 교육목표로서의 홍익인간의 실현을 위한 현실적 교육방법으로서 농경사회의 시급한 문제인 바람과 비와 구름을 주관하는 풍백(風伯), 우사(雨師), 운사(雲師)를 거느리고 생산·생명·질병과 형벌에서 선악에 이르기까지 무릇 인간의 3백 60여 사를 맡아서 인간 사회를 다스리고 교화하였던 것이다.[6] 이로써 볼 수 있는 바와 같이 개국설화는 고대국가 관념의 한 단면을 신중히 생각하여 털어내어 말한 것으로서, 우리나라는 개국 시초부터 홍익인간이 할 수 있는 교육적 이념에 의하여 창설되었으며, 이 국가 이념은 고대 이래 우리 조상들이 국가 생활을 영위함에 있어 이러한 철학 사상보다도 더 혈기가 왕성하게 우리 한국 민족의 정신세계에 영향을 미쳐왔다는 부분에서 보다 큰 역사적 의미를 발견한다.

---

5) 참고로 1949년 12월 31일 제정된 교육법 제1조는 「교육은 홍익인간의 이념 아래 모든 국민으로 하여금 인격을 완성하고 자주적 능력과 공민으로서의 자질을 구유하게 하여 민주국가발전에 봉사하며 인류공영의 이념실현에 기여하게 함을 목적으로 한다」라고 되어있다.

6) 일연, 『삼국유사(三國遺事)』 권1, 기이(紀異) 고조선조(古朝鮮條). 「將風伯雨師雲師 而主穀生命主病主刑主善惡 凡主人間三百六十餘事 在世理化」.

3. 부족국가의 형태와 교육의 의미

조선 고대사회에 있어서 우리 민족의 분포도를 보면 크게 북방 계열과 남방 계열로 구분된다. 북방 계열은 부여(扶餘)와 옥저(沃沮) 등의 부족국가로 대표되며, 남방 계열은 반도 남부의 마한(馬韓)·진한(辰韓)·변진(弁辰) 혹은 변한(弁韓)의 삼한으로 대표된다. 이들의 민족적 구성은 모두 동일 계통의 한민족으로서 그것의 언어·복장·의복이 거의 같았음은 말할 것도 없다. 북방계의 부족국가 중 가장 고도의 문화 수준을 가진 나라는 부여였다. 기록에 의하면 부여는 당시 이미 문명의 성지에 달하여 궁실·성책·창고·뇌목 등 진보된 제도를 가지고 있었으며, 정치는 순전한 귀족정치로서, 통치의 계급에는 왕과 그 밑에 가축의 명사를 붙인 마가(馬加: 말)·우가(牛加: 소)·저가(猪加: 돼지)·구가(狗加: 개)와 대사(大使)·대사자(大使者)·사자(使者) 등의 관직이 있고 모든 가(加)는 따로 사출도(四出道)를 맡아 다스렸는데, 그중에 대사는 수 천호·사자는 수 백호에 불과하였다. 읍리에는 호족과 하호(下戶)가 있는데 하호는 모두 노예에 속한다. 그리고 당시 부여의 총 호수는 모두 8만에 달하였다.[7]

이에 대하여 남부 지방에서는 위만조선 시대에 진국(辰國)의 명칭이 보이고 있으며, 위지(魏志)와 한전(韓傳)에 의하면 마한·진한·변진 등으로 구분되어 있었다. 마한은 서쪽에 54국이 있었고, 진한은 그 동쪽에 있어서 12국이며 또 변진 12국이 진한과 서로 섞어 살았으며, 그 중에 독로국(瀆盧國)은 왜(倭)와 경계가 서로 닿고 있다고 전해진다. 그러나 이상 3국 78국에 대한 학자들은 많은 논쟁을 거듭

---

7) 『삼국지(三國志)』 37, 동이전(東夷傳) 권30 한조(韓條).

하였으며, 특히 그 위치 문제는 아직도 정하지 못한 상태로 남아있다. 여하간 마한은 삼한 78개국 중 50여 국을 차지하는 남방 계열의 가장 큰 부족국가의 연합체로서 그중 크고 강한 나라는 만여 호, 소국은 수천 개로 총 수만 호에 달하였으며 이들은 주로 농경 생활을 하여 누에를 차고 뽕나무를 심어 잠상(蠶桑)을 알고 면포(綿布)를 만들었다. 이상에서 서술한 것을 살펴본 바와 같이 부여를 중심으로 한 모든 국가는 고대사회의 국가 형식을 거의 완비하여 지배자와 피지배자 사이의 계급적 조직이 분명하고, 엄격한 법질서에 의한 국가의 통제력을 살펴볼 수 있다. 물론 형식적 학교교육의 내용이 설정되지 못하고 고대사회의 공통적 경험과 관습에 의한 사회윤리를 정치 이상으로 재편한 것에 불과하지만, 고대사회에 있어서는 이것이 곧 교육의 일환이며 현대교육의 시초가 되는 것이다.

이와 같은 관점에서 이들 사회의 교육 사상과 그 내용을 살펴보면, 첫째로 계급의 분화에 의한 지배 계급의 윤리 관념이 형성화되는 것을 찾아볼 수 있다. 둘째로 당시 사회의 금법 사항에 나타난 실천을 필요로 함으로서의 교육을 생각할 수 있다. 셋째로, 고대사회의 공통 관념으로 나타나는 경천사상(敬天思想)과 정서교육을 생각할 수 있다. 위와 같이 부족국가의 공동의식으로 행해진 제천 행사와 그에 부수하여 일어난 가무는 이것을 잘 반영하고 있다. 넷째로 생각할 수 있는 것은 「주술적 신앙」이다. 이것은 신의 힘에 의한 교육적 실천이며, 국가 중대사에는 반드시 계시를 받아 그 계시에 따라 행하였다. 다섯째로 생각할 수 있는 것은 예의 교육이 철저했음을 찾아볼 수 있다. 부여에서는 서로 회동할 때 배작·세작·음양·변강을 하는 예의가 행하여졌으며, 『삼국지』 부여전에는 「여인이 전사(傳辭)함에 다 길에 앉게[노좌(露坐)] 하여 손으로 땀을 증거로 하고 있었다」고 전하고 있다. 끝으로 특히 주목을 끄는 것은 『박물지』에 부여와 진한에 문자가 있어 횡서(橫書) 또는 좌서(左書)를 한다는 기록이 있어 만약에 이 당시 이와 같은 문자가 있었다면 고대사회의 교육적 성격도 재평가를 하지 않으면 안 될 것이다. 문자가 있었다면 그 민족의 문화적 수준이 높은 단계에 이르렀음을 말하는 것이며 또한 문자의 교육을 위한 학교교육의 존재까지도 생각할 수 있는 문제로, 이 점은 앞으로도 공부하여야 할 문제이다. 이러한 고조선 부족국가는 연합 발전하였고, 기록에서는 발견하지 못했지만 북방 민족이 더욱 발전하여 고구려라는 국가가 탄생하였을 것이고 중부에 백제, 남부 지방에 신라국이 생성과 발전을 했을 것으로 보인다.

제2절

삼국시대의 국가 발전과 교육

1. 고구려의 발전과 교육

1) 고구려의 발전상

고구려는 삼국 가운데 가장 먼저 발전한 나라이다. 한(漢)나라가 지배하던 현토군(玄菟郡) 속현(屬縣)을 압록강 밖으로 쫓아버리고 국토를 넓힌 고구려의 국가 건설은 『삼국사기(三國史記)』의 기록에 의하면 기원전 37년 주몽(朱夢)에 의하여 비롯된다. 그러나 부족국가의 형태를 털고 고대국가로서의 체제를 형성한 것은 6대 태조(太祖)에 이르러서이다. 시조 주몽에서부터 6대 태조왕 시대에 이르는 약 백 년 동안 고구려는 국가로서의 체제를 확립하였고, 특히 태조왕은 「홍경노(興京老) 지방」으로부터 다시 무순(無順) 방면으로 진출하였으며, 동으로 옥저, 지금 남아있는 청천강 류천까지 영토를 확장하였다. 도읍은 평양이고 서기 668년 나당(羅唐) 연합군의 침략을 받아 망하였다.

2) 고구려의 학교교육

고구려의 학교교육·시초는 제17대 소수림왕(小獸林王) 2년(372)에 눈에 뜨이는 태학(太學)에서부터 비롯된다.[8] 이 시기는 전진(前秦)에서 불교가 들어온 해이며, 그다음 해는 율령(律令)이 공표된 해였다. 그렇게 보면 고구려 태학이 설립되던 소수림왕 2년은 고구려의 정치 및 체제 사상이 외국으로부터 재편되던 해로 볼 수 있다. 태학은 우리나라에 기록된 학교교육의 시초로, 한국교육사에서 매우 큰 위치를 차지하고 있다. 태학의 교육 내용은 기록상에는 없으나, 고구려 태학이 진(秦)의 태학에 영향을 받은 사실로 보아 아마도 『오경(五經)』·『삼사(三史)』·『삼국지(三國志)』·『진춘추(晋春秋)』·『옥편(玉篇)』·『자통(字統)』·『자림(字林)』·『문선(文選)』 등이 중요한 교과목이었을 것으로 추정된다.

태학의 직제로는 태학박사(太學博士) 이문진(李文眞)[9]이라는 기사가 있으며 태학 교육을 받은 대상은 특권 계급의 자제였을 것으로 짐작한다. 또한, 고구려의 교육기관 겸 사립학교인 경당(扃堂)이 있었는데 이 경당은 평민의 미혼 자제들을 교육한 곳으로 사용되었다. 고구려 교육의 특성은 「문무일치(文武一致)」의 교육적 성격을 띠고 있다. 종합하여 살펴보건대, 고구려는 건국 초기부터 그 역사적 배경과 지리적 배경으로 인해 「무사교육(武士敎育)」을 일찍부터 중요시하여 왔다. 그 증거로 「고구려전」의 「국인유기력습전투(國人有氣力習戰鬪)」란 기록이 무인적 기상을 잘 보여준다. 국가 발전에 따라 교육과정의 통합에 의한 새로운 교육기구가 발생하였다. 이것이 경당이다.

---

8) 김부식, 『삼국사기』 권18, 고구려본기(高句麗本紀) 제6.

9) 김부식, 『삼국사기』 권20, 고구려본기 제8(영양왕 11년 춘정월) 國初始用文字.

2. 백제의 발전과 교육

1) 백제의 발전상

백제는 원래 부여 계통의 이민 부족국가로서, 한강 유역을 중심으로 발달한 국가이다. 이들은 한사군 중 낙랑(樂浪)·대방(帶方)과 가까이하여 항상 그 영향을 받게 되었고, 이들에 대항하기 위하여 차차 인근의 동족을 결집하여 고대국가 체제를 갖추었다. 이와 같은 고대국가로서의 체제는 8대 고이왕(古爾王) 때부터 발생하여 근초고왕(近肖古王) 때에 이르러서는 남으로는 마한의 땅을 거의 통일하고, 북으로는 한민족 세력이 살아남은 대방군 대부분을 점령하였다. 백제는 고구려의 왕족 온조(溫祚)가 건국하였다. 도읍은 한산(漢山: 지금의 경기도 광주)에서 웅진(熊津: 지금의 공주)로 다시 사비(泗沘: 지금의 부여)로 옮겨왔다. 온조가 건국한 이후 의자왕(義慈王) 21년에 멸망하였다. 서력으로는 B.C.18~A.D.660년이 된다.

2) 백제의 학교교육

백제의 멸망은 슬프고 끔찍하여 역사적 바탕이 되는 재료가 별로 없어 방계 시료를 통해 살펴봄으로써 알아보기로 한다. 첫째, 백제 사료에 기록한 것 여기저기 흩어져 있는 박사(博士)의 명칭이다. 이것은 당시 중국 측 사료와 고구려의 직관(職官)에 나타나는 것을 보면 「교학지임(敎學之任)」을 맡은 관직인 것을 알 수 있다. 중국의 「오경박사(五經博士)」, 고구려의 태학박사가 바로 그것이다. 백제의 박사기록은 『삼국사기』의 근초고왕에 고흥(高興)의 명칭이 나오는 것이 처음이었다. 일본에 『천자문(千字文)』과 『논어』를 전한 박사 왕인(王仁)의 기록이 일본 측 사료에[10] 나타나 있는 것은 주목할 만한 일이다. 이 시기는 『일본서기』에 서기 285년으로 되어 있지만, 『일본서기』가 초기 기록을 2갑자, 즉 120년 올려놓았으므로, 실제로는 서기 405년에 해당된다. 아무튼 백제의 교육에서는 박사라고 이름 지어 부르던 학교교육의 직제를 주목할 필요가 있다. 특히 백제는 고조선 유이민(流移民)의 전통적 문화를 그 기반으로 하고 있다. 박사의 명칭은 이외에도 「양서 백제전(梁書 百濟傳)」에 「모시박사(毛詩博士)」가 눈에 띄며, 또 진서(陳書)에 「백제국 표구예박사(表求禮博士)」・「오경박사 단양이(段楊爾)」・「오경박사 고안무(高安茂)」 등이 눈에 뜨이니, 박사의 명칭은 모두 유학의 경전에 정통한 학자들로서 교육에 종사하는 임무를 맡고 있었음을 알 수 있다.

또한 백제에 있어서 학교교육의 가능성을 중앙관제를 통해 살펴봄으로써 생각할 수 있다. 백제 육좌평(六佐平) 중 내법좌평(內法佐平)은 의례(儀禮)를 맡을 예식 장관(長官)이므로 이 직관은 조선시대 관직에서 예조(禮曹)에 해당된다. 그러므로 백제의 교육행정을 총지도하는 관직이 있으나 교육 담당 기관으로서의 태학이 없었다는 것은 논리적 모순인 것이다. 따라서 백제에 내법좌평의 지도를 받는 태학이 존재하고 있었던 것은 분명하며, 백제 교육과정은 「서적으로는 오경과 자(子)와 사(史)가 있다」[11]라는 고구려의 교육과정과 유사하지 않았나 생각하게 된다.

---

10) 『고사기(古事記)』, 『일본서기(日本書紀)』, 「속일본기(屬日本紀)」 등.

11) 『구당서(舊唐書)』, 백제전(百濟傳) 기서적유오경자사(其書籍有五經子史).

3. 신라의 발전과 교육

1) 신라의 발전상

신라는 반도 동남부의 경주에 자리 잡고 있었던 서라벌과 사로국(斯盧國)이 발전한 나라로서 지리적 위치 때문에 이들은 외래문화로부터 자신의 고유문화를 오랫동안 보존할 수 있었다. 따라서 신라는 국가적 발달이 늦었다. 신라의 시조는 박혁거세(朴赫居世)이며 도읍지는 경주이다. 제29대「태종무열왕(太宗武烈王)」7년(660)에 백제를 멸망시키며, 제30대 문무왕(文武王) 8년(668)에 고구려를 멸망시켰다. 제56대 경순왕(敬順王) 때 고려 태조 왕건(王建)에게 망하였다. 서력으로는 B.C.57~A.D.935년이다.

2) 신라의 학교교육

신라는 역사적, 지리적 배경에 의하여 고구려나 백제보다 훨씬 뒤떨어지고 있었다. 그러나 신라 고유의 민족 문화를 지탱하게 하고 이전부터 전해 내려온 토속적 민족 문화를 기반으로 하여 외래문화의 양분을 빨아들였고, 신라 고유의 교육 전통을 이룩하였다. 이후 화랑도(花郎道)에 의거한 교육이 바로 이것이다. 비록 신라의 고구려·백제와 같은 학교교육의 설립이 통일 후의 과제로 남았지만, 통일하기 이전에 있어서도 신라가 대륙식 태학과 비슷한 것을 가르치는 교육기관은 없었다. 종합하여 살펴보건대, 교육의 사명이 인재양성과 민중 교화에 있다고 한다면, 신라 고유의 화랑에 의한 교육은 고대 철학 사상에 비추어 볼 때 고구려·백제의 교육에서 나타나는 태학과 같은 「형식 교육」에 조금도 못하지 않는 비중을 차지하는 것이다.

여기에서 한 가지 문제점은 신라의 「화랑제도」의 기원을 진흥왕(眞興王) 23년(562) 때부터 바라다본다면, 그 이전에 신라는 교육이 없었겠는가 하는 문제가 제기된다는 것이다. 17대 내물왕(奈勿王) 때부터 중국과의 관계를 갖게 되었고 20대 지증왕(智證王) 때에는 중국의 직제를 받아들여 왕의 칭호를 사용하였으며, 법흥왕(法興王) 때 법령을 공표하고 불교를 공인하였는데, 또 진흥왕 6년에는 국사(國史)를 새롭게 편찬하였다. 이를 보면 신라에도 화랑제도가 새로 만들어지기 이전부터 인간 교화의 수단인 학교의 형식을 갖춘 교육 기관이 있었을 것으로 생각된다.

3) 화랑(花郞)의 정신

화랑도란 한마디로 신라 고유의 사상에다가 유(儒)·불(佛)·노(老) 등 외래 사상을 빨아들여 세속오계(世俗五戒), 즉, 다섯 가지 계율로 「사군이충(事君以忠)」·「사친이효(事親以孝)」·「교우이신(交友以信)」·「임전무퇴(臨戰無退)」·「살생유택(殺生有擇)」을 수양의 지침으로 삼고 국가 관료로 등용하는 신라 고유의 독특한 「교육단체」라고 할 수 있다.

화랑의 기원에 대해서는 처음 원화(源花)라 하여 어여쁜 여성을 가리어 단장으로 삼았던 것인데, 후에 종종 폐가 되는 일이 생겼던 까닭에 여성을 쓰지 못하게 하고 대신 양가 귀족의 소년으로 얼굴이 아름답고 품행이 단정하며 뜻이 깊고 이상이 높은 사람을 뽑아 단장으로 받들게 하였다.[12] 화랑의 초대 남성 단장으로 선출된 사람은 설원

랑(薛原郎)이라고 기록되어 있다.13) 어떻든 간에 남성 단장을 화랑이 라 하고 그를 중심으로 모여드는 무리를 화랑도라고 하였다. 이와 같 이 원화에서 화랑으로 그 명칭이 변한 것은『삼국사기』에는 진흥왕 37년으로 기록하고 있으나 이미 그 이전에「화랑 사다함(斯多含)」의 기록이 나오는 것으로 보아 진흥왕 초기라고 생각할 수 있다.14)

　다음은 화랑도의 성격이다. 신라의 학문에 깊은 학자 최치원(崔致 遠)의「난랑비서문(鸞郎碑序文)」에는,「…우리나라에 심오한 사상이 있으니 이를 풍류라 한다. …이는 실로 삼교(三敎)를 포함한 것으로 서 이를 가지고 모든 사람을 교화한다. 안으로는 가정에서 효도하고, 나아가 국가에는 충성을 다해야 한다는 것이 공자(孔子)의 가르침이 요, 무위자연(無爲自然)에 처해야 함과 묵언실천(默言實踐)에 대한 가르침이 노자(老子)의 종지(宗旨)이며, 모든 악(惡)을 행하지 말고 모든 선(善)을 행하라는 것이 석가(釋迦)의 가르침이다」15)라고 하여 화랑의 성격이 공자의 충효 사상과 노자의 무언실천, 석가의 금악행 선 사상을 융합한 신라 특유의 교육철학임을 강조하고 있다. 화랑도 의 교육 내용을 자세하게 살펴보면『삼국사기』에「선양가남자유덕 행자(選良家男子有德行者)」를 화랑이라 하였다.16) 이것을 풀어 쓰면 「화랑으로 될 수 있는 자격은 양가 남자로서 덕행이 있는 사람이면 된다」라는 뜻이다. 이것으로 볼 때 또한 여기서 교육 목적과 내용이 일단락됨을 알 수 있다. 이것이 곧 교육 목적으로서 도덕적 품성과

---

12) 김부식,『삼국사기』권4, 신라본기(新羅本紀)4 진흥왕 37년(576).

13) 일연,『삼국유사』권3, 미륵선화편(彌勒仙花篇).

14) 진단학회 권3, 彌勒仙花郎條.

15) 김부식,『삼국사기』권4, 신라본기 제4.

16) 일연,『삼국유사』권3, 미륵선화조(彌勒仙花條).

미적 정조(情操)와 신체적 단련을 함양함으로써 사물에 대한 판단력을 가질 수 있는 인간 양성을 목표로 하고 있는 것이다.

화랑의 조직을 살펴보면 최고 책임자를 국선(國仙) 또는 원화, 화주(化主), 풍월주(風月主)라고 하였으며, 그 밑에 3, 4인 내외의 화랑을 세운 다음, 그 아래 문호(門戶)라는 몇몇 개의 조직이 있었고, 수백 수천의 낭도(郎徒)가 여기에 따랐다.17) 이상과 같이 화랑에 의한 교육은 신라 사회를 굳고 단단하게 할 훌륭한 인재를 양성하는 데에 더없이 큰 공헌을 했다. 특별히 삼국통일 시기에 있어서 중요한 역할을 했던 김경신(金庚信)·김흠춘(金欽春)·죽지(竹旨) 등이 화랑 출신이었다는 것은 결코 우연한 일이 아닌 것이다.

---

17) 이선근, 『화랑도연구』, 동국문화사, 1954, pp.12~13.

제3절

통일신라의 교육

1. 삼국통일의 역사적 의미

1) 역사적 의미와 교훈

신라 문무왕 16년(676), 7년에 걸친 나당전쟁(670-676)에서 승리하며 마침내 삼국통일이 이루어졌다. 그러나 신라에 의한 삼국통일은 우리 역사에 여러 가지 의미와 교훈을 주고 있다. 그 까닭은 신라의 통일은 그 세력 범위가 겨우 대동강으로부터 원산만에 이르는 반도의 세요부(細腰部)를 한계로 하여 그 이남의 땅을 차지하는 데에 불과하였기 때문이다. 그러므로 완전한 의미의 삼국통일이 되지 못하고 오직 백제 구역 전부와 그 유민(流民)을 합한 것, 고구려의 남계(南界)와 그 유민의 일부만 차지하고 끝이 났다. 그러나 고조선 이래 갈라진 우리 민족이 하나의 국가체제 아래에서 하나의 법령에 의하여 다스려질 수 있는 통일 국가가 생겼다는 것, 민족의 통일된 전통을 잘 지켜내어 신라가 삼국통일을 이루어냈다는 점에서 가장 큰 역사적 의미가 있다고 하겠다.

2) 새로운 국가의 개혁과 교육

삼국 가운데 늦게 발전한 신라가 선진 백제와 고구려를 멸망시키고 삼국을 통일할 수 있었던 이유를 여러 가지 측면에서 서로 비교하여 살펴보기로 한다. 신천식 교수는 신라 고유의 교육활동을 가장 높이 평가하고 싶다고 하였다.[1] 고구려나 백제는 외래문화 및 외래 사상의 유입에 의하여 본래 갖고 있었던 민족의 고유 사상을 잃어버렸고, 결과적으로 국민적 기강(紀綱)이 행동의 준칙이 되는 본보기가 느슨해졌다. 그에 비해 신라는 화랑도라는 국가 조직체를 형성하였고, 외래 사상을 신라 고유의 토속적 사상에 알맞게 가미하여 국민적 교육 사상을 형성하였다. 또한 모든 교육활동과 교육 실천도 여기에 따라 행하여졌다. 신라의 삼국통일 이후 국가적 공헌을 넓은 의미에서 살펴보면 다음과 같다.

첫째, 신라의 모든 젊은이는 충성을 다하여 나라의 은혜를 갚는 「진충보국(盡忠報國)」을 할 수 있는 애국 이념을 충분히 연마했으며, 따라서 이와 같은 교육 사상에 의하여 수양을 쌓은 신라인은 그들의 국가 발전을 위한다면 생명을 두려워하지 않았던 셈이다.

둘째, 신라의 삼국통일은 영토의 확장과 그에 따르는 새로운 인구의 급격한 증가로 인해 새로운 문제를 일으키게 되었다. 그중 중요한 것은 관료 기구 확대에 의한 정치체제의 변화, 영토의 확장에 따르는 토지 제도의 개혁, 이에 수반하여 동시에 편입된 지역의 문화적 전통, 그에 맞서 새로이 전개되는 「대당(對唐) 적극 외교 정책」에 의한 신라 고유의 사상적 기반의 변화가 급속도로 나타나게 되는 것

---

1) 신천식(申千湜), 『한국교육사연구(韓國敎育史硏究)』, 재동문화사, 1969, p.47.

등을 말할 수 있다.

여기에서 새로 편입된 지역을 통솔하기 위한 새로운 관료군의 대폭 증가로 인해, 중앙 직제는 종래의 집사부(執事部)를 중심으로 새로이 지방 관청과 보조 기관이 대폭 늘어났으며, 지방행정은 문무왕 17년(677)경부터 다음 신문왕(神文王) 7년(687)에 이르기까지 대폭 개혁을 하였다. 위에 기록된 바와 같이, 통일 신라의 모든 변화 가운데 특히 정치·문화적 변화는 통일신라 사회의 학교교육에 대한 새로운 전통을 확립하게 하였다.

2. 국학의 설립과 교육 내용

1) 국학의 설립

통일 신라의 학교교육은 31대 신문왕 2년(682) 국학(國學)의 설립에서부터 비롯된다.[2] 그리고 제도가 완비되고 학교교육이 국학이란 명칭으로 재정비된 것은 신문왕 2년부터라고 하였다. 이후 국학의 시설이 완비되어 성덕왕(聖德王) 16년(717)에는 당(唐)으로부터 공자를 비롯한 72 제자의 화상을 수입하여 국학에 안치하고 문묘(文廟)에서 석전(釋奠)의 예를 행하였다.[3]

---

2) 김부식, 『삼국사기』 권8, 신라본기8 신문왕 2년.
3) 김부식, 『삼국사기』 권5, 신라본기5 성덕왕 16년.

2) 직제의 개편

신문왕 2년에 설립된 국학은 경덕왕(景德王) 때 대학감(大學監)으로 그 명칭을 변경했으며 혜공왕(惠恭王) 때 다시 국학으로 그 명칭을 환원시켜 이후 명칭이 고정되었다. 직제를 살펴보면 다음과 같다.

① 경(卿) - 국학을 총괄하는 벼슬로 오늘날 대학교 총장에 해당한다.
② 박사(博士) - 약간 명으로 일정한 정원이 없다.
③ 조교(助敎) - 박사와 마찬가지로 약간 명으로 되어있다.
④ 대사(大舍) - 2명으로 되어있다. (17관등 중 12번째 등급)
⑤ 사(史) - 처음은 2명이었으나 혜공왕 원년(765)에 2명을 더 추가해서 4명으로 구성된다.

3) 입학 자격과 수업 연한

국학에 입학할 수 있는 자격은 15세 이상 30세 이하, 아무 일도 하지 않는 자로서 대사 이하의 관직을 갖는 자이어야 한다.[4] 그리고 국학을 졸업과 동시에 대사마(大舍麻) 또는 나마(奈麻)의 관직을 얻는다. 신라의 관직은 17등급으로 되어있는데, 대사마는 10등급이고 나마는 11등급이며 대사는 12등급이니 국학을 졸업하면 바로 10등급 내지 11등급 벼슬의 직위를 얻으며, 12등급 이상의 관직은 국학을 나와야만 비로소 오르게 되는 것이다.[5] 수업 연한은[6] 9년을 원칙으로 하나 저능하여 가망이 없는 자는 퇴학시키고, 가망은 있으나 미숙한 자는 9년이 넘어도 더 다니게 함을 허락하였던 것으로 기록되어 있다.

---

4) 김부식, 『삼국사기』 권5, 신라본기5 성덕왕 15년.
5) 김부식, 『삼국사기』 권38, 잡지(雜志) 직관 상(上).
6) 『증보(增補) 문헌비고(文獻備考)』 권267, 학교고(學校考).

4) 교육과정

『주역』·『상서』·『모시』·『예기』·『춘추좌씨전』·『문선』을 중요 과목으로 하며 거기에다 『논어』·『효경』을 선택하여 각각 박사와 조교를 1명씩 두어 지도했다. 이제 위 과목들을 소개하겠다.

- ①『주역(周易)』: 중국 주나라 때의 경서. 지리, 인사, 물상의 음양변 화 원리를 다룸
- ②『상서(尙書)』: 『서경』의 구칭
- ③『모시(毛詩)』: 『시경』의 별칭, 중국 한나라 때 모형(毛亨)이 지은 시경의 주석서
- ④『예기(禮記)』: 오경의 하나. 진한시대의 고례(古禮)에 관한 이야기 들을 수록한 책
- ⑤『춘추좌씨전(春秋左氏傳)』: 『춘추』의 문장에 담겨진 공자의 본뜻 을 밝히기 위한 해석서
- ⑥『문선(文選)』: 명문을 가려 뽑은 책
- ⑦『효경(孝經)』: 경서의 하나. 공자가 증자를 위해서 효도에 대하여 한 말을 기록한 책
- ⑧『논어(論語)』: 공자의 언행을 적은 유교의 경전. 사서 중의 하나

5) 교육방법

유학의 교육방법으로는 당나라 국자감에서의 삼분과제(三分科制)를 모방한 과목을 3개의 무리 군으로 묶어 나누어 실천하였다. 이것은 논어와 효경을 공통 필수과목으로 하고, 1분과에는 『예기』·『주역』, 2분 과에는 『좌전』·『모시』, 3분과에는 『상서』·『문선』 등을 선택 전공하 게 하는 삼분과제를 정하여 각 과마다 박사와 조교로서 분담을 맡아 가르치게 했던 것이다. 정리해 보면 다음 <표 1-1>과 같다.

1	『논어(論語)』	『효경(孝經)』	『예기(禮記)』	『주역(周易)』
2	『논어(論語)』	『효경(孝經)』	『좌전(左傳)』	『모시(毛詩)』
3	『논어(論語)』	『효경(孝經)』	『상서(尙書)』	『문선(文選)』

6) 독서출신과의 등용

국학의 성격을 보자면 국가 관료 양성기관으로 졸업과 동시에 10등 이상의 관작을 얻을 수 있었다. 그러나 통일신라 사회의 변질과 귀족 인구의 급격한 증가에 따라 신라의 관료 양성기관으로서의 국학은 그 성격에 큰 변질을 수반하게 되었다. 국가에서 교육을 받은 자에 대한 관료로서의 신분보장은 관료 기관이 새로 확장된 삼국통일 초기의 사회에선 가능하였으나, 제도가 정돈되고 관직이 고정된 통일신라 중기에 와서는 국학에서 교육받은 자를 국가 관료로 그대로 받아들일 수 없는 이유 때문에 관직이 부족한 상태를 보이게 된다. 여기서 필연적으로 국학의 성격이 변화되었다. 이와 같은 상태에서 생긴 것이 38대 원성왕(元聖王) 4년(788)에 만들어진, 일종의 과거제도와 같은 성격을 가진 독서삼품과(讀書三品科)이다. 일명 독서출신과(讀書出身科)라고도 하는 이 제도는 국학에서 수학하는 학생들의 성적을 상중하 삼등분으로 구분하여 관료 진출에서의 등용을 꾀하는 것으로 그 내용은 다음과 같다. ①『좌전』이나『예기』또는『문선』을 읽어서 그 뜻에 능통하고 겸하여 『논어』·『효경』에 밝은 자를 상품(上品), ②『곡예』·『효경』·『논어』를 읽은 자를 중품(中品), ③『곡예』·『효경』을

---

7) 김부식, 『삼국사기』 권38, 잡지(雜志) 직관(職官) 상(上).

읽은 자를 하품(下品)으로 한다. 만일, 오경·삼사·제자백가의 책에 능통한 자가 있으면 순서를 뛰어넘어 등용하였다.[8] 이것은 관리 채용 이 전부터 내려온 「벌족(閥族) 본위」 또는 「학벌 본위」에서 전환한 것을 의미하며 동시에 신라 사회의 정치적 성격의 변질을 의미하는 것이다.

3. 통일신라의 교육 사상

통일신라가 삼국 가운데 가장 오랫동안 고유의 전통을 유지해 온 큰 역사적 배경은 외래문화를 빨아들여 섭취하는 데 있어서도 맹목 적인 추종보다는 그것을 오히려 비판하여 신라 고유의 전통에 알맞 도록 융합하고, 그들 독자적 문화유산을 창조했다는 데 있다. 이와 같은 신라의 문화적 전통은 삼국통일 후에 급격히 전래된 외래문화 에 의해 많이 변질되었으나 그런 가운데서도 신라인 고유의 민족적 정신과 새로운 시대에 적응하려는 신라인의 민족적 노력은 꾸준히 나타나고 있었던 것이다.

이와 같이 신라 고유의 민족정신을 살리면서 새 시대에 적응하려 는 신라인의 민족적 요구는 여러모로 보이지만 특히 교육적 측면에 서는 뚜렷이 드러난다. 이러한 경향은 우선 「신라 교육기구」의 명칭 에서도 찾아볼 수 있다. 국학이란 명칭이 바로 그것이다. 그것은 당 (唐)나라의 문물제도를 섭취하면서도 그것을 무비판적으로 받아들이 지 않고 오히려 「신라 고유 전통」에 흡수하고자 한 노력의 일단락으 로 생각된다. 그리고 그 교육 내용에 있어서는 중국유학을 기조로

---

8) 김부식, 『삼국사기』 권10, 신라본기 원성왕 4년(788).

하더라도 명칭에 있어서는 당나라의 교육기관의 명칭인 태학을 그대로 받아들이지 않고 통일 전 화랑교육에서 볼 수 있는 명칭인 국선에 맞서는 신라 고유의 학(學)이라는 명칭을 쓴 것은 신라 고유의 전통을 준수하려고 한 노력의 단면인 것이다. 신라 사회도 유학을 교육 내용으로 하지 않을 수 없었다는 것은 당시 동양교육사의 공통적 운명이었다는 것을 생각한다면 충분히 이해할 수 있다. 특히 『논어』와 『효경』을 가장 중요한 과목으로 설정하고 있는 까닭도 같은 생각으로 설명할 수 있는 것이다. 그러나 이와 같은 유교 사상에 의한 교육철학으로 학교교육을 재편성하는 과정에서도 신라 고유의 전통을 오래 유지하려는 노력이 있다고 하겠다.

또 신라 고유의 문자인 이두(吏讀)와 그에 따르는 향가(鄕歌)9)라는 「신라 고유의 국문학」에서 찾아볼 수 있다. 외래 문물이 한창 흘러들어온 과도기적 신라통일 초기에 있어서 신라 고유의 전통을 확립하기 위하여 노력한 교육자는 설총(薛聰)이다. 설총은 원효대사의 아들로서 한자의 음훈(音訓)으로 이두를 만들어 경서(經書)를 훈독하여 국학의 교육자가 되었다. 후에는 이것을 가지고 구경(九經)을 해석하여 학생들을 가르쳤다. 그의 교육철학은 신라의 민족적 요구가 드러난 것으로 볼 수 있다. 이러한 현상은 외래 문자에 지배받는 낡은 사고방식에서 벗어나려는 것이었다. 또한 신라인의 민족 문화를 잘 보전하고자 했던 노력이 아닌가 한다. 비록 신라는 중국 사상을 말하지만 표현에 있어서는 독자적 태도를 취하고자 노력했다는 점을 높이 평가하고 싶다.

---

9) 향가: 신라 중엽에서 고려 초기까지 우리나라 사람에게 널리 퍼졌던 신라 고유의 시가(詩歌).

비록 이두가 설총의 독자적 창안이 아니고 설총 이전에도 이미 있어 왔다고 하지만, 이두가 설총에 의하여 체계화되고 보편화되었다는 점에서도 그가 한국교육사에서 차지하는 위치를 무시할 수 없다. 또 이러한 점에서 후세 고려 현종(顯宗) 13년(1022)에 홍유후(弘儒侯)의 추증(追贈)을 받아 문묘(文廟)에 종사(從祀)된 배경을 짐작할 수 있다. 설총에 의하여 보편화된 이두 문자는 이후 학문에 의한 한문학에서 「신라 고유 민족문학」인 향가의 발달로 이어지게 되었다. 이 밖에도 통일신라가 가장 성대한 성덕왕 때 귀족 학자 김대문(金大問)은 민족적 전통과 민족애에 근거한 그의 입장에서 여러 가지 저술을 통하여 「신라인의 민족정신」의 온갖 중요한 기틀을 지키려고 노력하였다. 그는 『계림잡기(鷄林雜記)』, 『한산기(漢山記)』, 『고승전(高僧傳)』, 『화랑세기(花郞世記)』와 같은 민족 역사와 민족 지리에 대한 책을 저술하여 민족정신을 불러일으켰다.

2부

고려시대의 교육

제1절
고려의 교육사적 총관(總觀)

고려 사회는 신분 사회로서 신분이 높은 계급은 정치·경제·사회적으로 모든 특권을 향유하던 고려 사회의 관료군으로 이들은 문·무 양반으로 대표되고 있다. 이 중에서도 실질적 권력을 갖고 고려 사회의 정치적 지위에서 모든 특권을 누리던 계급은 문반(文班) 귀족이었다. 이 문반 귀족의 형성은 고려 초기의 정치·경제상의 제 상태에서 나타난 왕권의 집권화와 밀접한 관련이 있으며, 따라서 이들은 통치계급으로서 통치자적 윤리를 닦는 것을 그 전제 조건으로 한다. 고려 사회에 있어서 치자적 윤리는 봉건적 질서 확립에 효과가 있는 유학적 철학이었으며, 질서 확립에 유효한 유교적 교양에 심신을 닦아 기른 인재를 뽑아 국가 관료로 등용하는 것이다. 따라서 고려 사회는 이러한 과거에 응시할 자격과 유교적 교양을 갖춘 인재를 양성하는 국가 교육기구의 설립이 마찬가지로 필수적 전제 요건이 되고 있다.

그리고 고려시대 교육사에서는 시대 구분을 할 필요가 있는데 그 학설이 여러 가지 관점에서 생각할 수 있으나 본 저서는 신천식의 학설[1]을 참고로 하고, 무인란(武人亂)을 기점으로 그 이전을 전기, 이

---

1) 신천식, 『한국교육사연구』, 재동문화사, 1969, p.60.

후를 후기로 보고 저술한다. 무인란은 고려 사회를 양분할 수 있는 획기적 사실로서 정치·경제·사회 및 사상 면에 이르기까지 일대 변화를 가져왔기 때문이다. 정치적인 면에서는 국초 이래 문인 지배 체제에서 무인 스스로가 정치적 실권을 갖는 지배체제로의 변혁을 가져오고, 경제적으로는 국초 이래 전제(田制)에 대한 문란을 가져와 권문세가로 가는 전제상(田制相)2)을 밖으로 드러나게 하여 권문세가 의 농장(農莊)이 크게 되어 서양 중세에서 볼 수 있는 「장원제도 설립」의 가능성을 볼 수 있게 되었다. 이와 같은 정치·경제·사회의 모든 부문에3) 있어서의 일대 변혁은 국가 교육기구에 있어서, 특히 교육과정에 대한 해석인 교육철학의 면에도 함께 일어나게 되었다. 무인란 이전의 국가 교육기구에서의 교육과정에 나타났던 경전의 「훈고적 경향」이, 무인란 후에는 우주와 인성(人性)에 관한 철학적 해석을 보태어 성리학이 주장하여 이끄는 그것만을 하게 되었다.

이상과 같이 여러 학설이 있겠으나 고려 사회의 정치·경제 및 교육철학 면에서 큰 변화를 일어나게 한 고려 무인란을 계기로 해서 전후로 구분하는 것이 옳다고 생각한다.

---

2) 『고려사』, 권174, 선거(選擧)2 학교.
3) 민병하, 「고려시대의 교육제도」, 『역사교육』 제2집, 1957, pp.152~170.

고려의 교육사 접근을 위한 이론

고려 왕조의 성립은 신라 말기의 정치·경제·사회상의 모든 혼란에서 나타난 여러 영웅이 난리를 꾸민 결과적 소산이었다. 따라서 고려 왕조의 성립은 신라 말의 정치·경제상의 모든 모순과 직접적으로 연결된다.

또한 이러한 정치적 지배상의 모순은 경제체제의 혼란을 가져와 토지 경작인 농민은 이중 상품의 강제로 빼앗김을 당하게 되며 농민 대중에 대한 빼앗김이 계속 커짐에 따라 농업 생산이 한곳에 쌓이고 이것이 가혹한 납세 독촉과 결부하여 농민 봉기로 나타났던 것이다.[4]

따라서 왕건(王建)은 모든 지방의 호족(豪族)들이 변환이라도 생길까 우려하여 이들에게 염탐사를 보내서 회유하고 있었다.[5] 한편 자신의 신정권에 귀순하여 항복하는 일련의 구왕족 및 귀족군에 대하여는 정치적 의미로서 식읍(食邑) 또는 사전(賜田)을 베풀어 주며 이들을 가르쳐 회유하였다.[6] 태조(太祖) 23년(940)에[7] 비로소 역분

---

4) 김부식,『삼국사기』,「신라본기」제12, 진성왕조(眞聖王條).

5) 『고려사』권1, 태조 원년(918) 8월 을유조(乙酉條).

6) 『고려사절요(高麗史節要)』권1, 태조 18년(935).

7) 『고려사』권1, 태조 경자(庚子) 23년.「是歲初定役分田 自朝臣軍士勿論 官階祝人性行善惡 功勞 大小 給有差」.

전(役分田)이라는 것이 설정되었는데 주목되는 것은 그 대상을 중앙 관작(官爵)의 높고 낮음에 의하지 아니하고 「인성행선악(人性行善惡)」에 두고 있으니, 이것은 공이 있는 신하들의 불편을 어루만지어 달래기 위한 국가 초기 정책 드러난 것이다. 따라서 태조는 자신이 항상 숭절검비(崇節儉費)를 생활철학으로 삼아 각 호족에게 감화를 주고 있었다.[8]

그러나 본격적인 집권화 정책은 4대왕 광종(光宗) 때 이르러서야 비로소 적극성을 띠었다. 광종은 즉위 7년(956년)에 권문호족의 세력을 박탈하기 위하여 「노비안검법(奴婢按檢法)」을 실시하여 그들 세력의 정치·경제적 기반이었던 노비들을 정처 없이 떠돌아다니게 하였다. 또 광종 11년(960년)에는 왕권 강화 정책에 불만을 가진 구세력에 대하여 일대 정치적 숙청을 단행하였다.

이러한 점에서 볼 때 고려 왕조는 자체의 세력 기반으로 새로운 관료군(官僚群)의 등용을 꾀하지 않을 수 없었다. 권문세가(權門勢家)의 숙청에 앞서 나타난 과거제는 이러한 왕조의 반영으로서 생각할 수 있다.[9] 따라서 「고려시대 과거제도」[10]는 군사에 관한 장비에 입각한 무인 출신의 귀족보다는 봉건적 지배질서 확립에 공로가 있는 유학적 교양을 갖춘 인재를 그 대상으로 하고 있었다. 여기에서 유학적 교양을 갖춘 인재를 양성하는 교육기관이 먼저 내세우는 조건으로 등장하는 것이다. 태조 이래 학교 설립은 이와 같은 시대적 배경과 밀집한 관련을 가지고 있으며, 성종대의 국자감(國子監)도 이러한

---

8) 『연조감(椽曹鑑)』 권1, 소인(所引) 안동김씨(安東金氏).

9) 김용덕, 「고려 광종조의 과거제도 문제」, 『논문집』(중앙대학교) 4집, 1959, pp.141~152.

10) 김용덕, 「고려 광종조의 과거제도 문제」, 『논문집』(중앙대학교) 4집, 1959, pp.141~152.

고려 왕조의 계획을 반영하는 시대적 산물로 설명할 수 있다.

한편 학제가 완성되고 과거에 의한 신입 관료군이 구세력을 대체하여 직권화의 과정이 완수되었을 때에는 태조·경종 때의 인품에 의한 토지 급여는 파기되고 새로운 봉건질서를 확립하는 관품(官品)에 의한 토지 제도가 설정되는 것이 당연하다. 목종(穆宗)·문종(文宗) 때의 전시과(田柴科)는 이와 같은 시대상을 반영한 것이다.

제3절

고려의 교육기관 설립

1. 전기의 교육제도

고려 태조는 즉위 13년(930년) 서경(西京)에 학교를 설치하고 뛰어난 재주를 가진 수재에게 명령하여 서학박사로 하여금 교육을 부담케 하였으며, 또 이와 별도로 새로운 학원을 창립하여 「별창학원(別創學院)」 6부의 생도를 모아 교수하였다.[11] 이와 같이 태조는 서울이던 개경(開京)에 학교를 설치하여 「행정필수요원(行政必須要員)」인 6부(六部)의 관리들로 충당할 수 있는 인재를 양성하였다. 그리고 태조는 이와 병행하여 신라의 고도 경주에도 신문왕 때의 국학을 그대로 존립하여 지방 자제들의 교육에 전념하게 하였다.[12] 고려 초기의 이상과 같은 교육기관이 국가적 관점에서 교육을 권하여 북돋아준 것은 고려 광종의 과거제가 잘 설명하여 주는 것이다. 당시는 이미 과거에 응할 수 있는 유학적 교양을 갖춘 인재를 뽑을 수 있을 만큼 사회적 요건이 이미 성숙하고 있었다고 보아야 할 것이다.

---

11) 한기언, 『한국교육사』, 박영사, 1963, p.55.

12) 한기언, 『한국교육사』, 박영사, 1963, p.65.

2. 국자감의 설립

앞에서 논한 성종의 교육정책 가운데서 가장 주목할 것은 이후 고려 사회에 있어 학교의 규범이 되는 국자감(國子監)의 창립이다. 성종은 일찍부터 학교교육에 관심을 가지고 「유경습업제도(留京習業制度)」와 「지방권학관(地方勸學官)」을 파견하는 교육적 열의를 보이고 있었으며, 성종 11년(991)에는 지금까지의 단편적인 교육에만 그쳤던 국가교육을 새롭게 바꿔 이후 고려 사회의 학교 규범이 된, 지금의 종합대학 성격을 지닌 국자감을 창립하였다. 그 재원으로는 전장(田莊: 소유하는 논밭)을 지급하여 학량(學糧: 학교를 위한 양식)으로 충당하였다. 성종 11년의 기록에 보면, 왕은 학교에 새로운 교시(教示)를 내리고 유사(有司)에 명하여 경치 좋은 이름난 곳에 서재와 학사를 만들었으며, 전장을 베풀어주고 국자감을 창립하였던 것이다.13)

3. 지방 교육의 이모저모

신라 말기 또는 고려 초기 혼돈한 사회상에 권태를 느껴 많은 학자가 세상을 피해 지방이나 산간에 숨어 생활하게 되면서부터 지방 자제들의 교육이 시작되고 있었다. 『보한집(補閑集)』에서 한방불출(閑房不出)하면서 벽토유서(壁土遺書)한 은자(隱者)들의 기록을 볼 수 있으며,14) 이들은 고려 왕조의 부름을 거절하고 오로지 학문에만

---

13) 『고려사』 권74, 선거(選擧)2 학교.

전념하여 각 지방에서 향선생(鄕先生: 그 지방에서 명망이 높은 선비)이 되어 지방 자제의 교육에 힘쓰게 되었다.

『고려도경(高麗圖經)』에 의하면 「아직 결혼을 하지 않은 남자 아이들이 모여 생활을 할 때 스승을 따라 경서를 배우고 있으면 점점 자라서는 벗을 택하여 그 일부는 사찰(寺刹)에서 강습한다. 아래로는 역시 향선생을 쫓아서 배우는 것이 심히 성하다」[15]라고 하여 지방 자제의 향선생을 따라서 교육을 받고 있는 것을 알 수 있다. 이때 향선생은 「건국 초 세상을 피해 숨어 생활하는 은거지사(隱居志士)」와 통하는 것이다.[16]

인종(仁宗)은 실제로 인종 12년(1133) 3월 마을 어린이들[여항동치(閭巷童稚)]의 교육을 위하여 이들에게 『논어』・『효경』을 하사하였다.[17] 이와 병행하여 국가 정책의 한 연장으로서 생겨나는 국가 교학정책은 지방에 있어서 주학(州學)과 현학(縣學) 등의 지방 교육 기관의 설립을 일으키는 것이다. 이상과 같이 왕이 직접 지방 교육에 노력한 사료는 많으나 다음의 중요한 사료 몇 개만 소개한다.

첫째, 본격적으로 지방 자제들의 교육에 관심을 갖고 교육의 전국적 확대를 위하여 노력한 왕은 6대 성종(成宗)이었다. 성종은 일찍부터 지방 자제들이 수도 개성에 와 유학적 교양을 닦도록 하였으며 성종 5년(985)에는 상술한 귀향자가 생기면 그다음 해에는 이들 귀향자들에 대한 교육에도 관심을 가져 경학박사(經學博士)와 의학박사(醫學博士) 각 1명씩을 보내어 이들의 교육을 맡게 하였다. 이와

---

14) 『보한집(補閑集)』 권 하(下), 國初有亡의 條.

15) 류홍렬, 「高麗末 鮮初의 私學」, 『청구학총(靑丘學叢)』, 제21호.

16) 『고려사절요』 권2, 성종 6년 6월. 「諸州郡選子第 詣京習業」.

17) 『고려사』 권74, 선거(選擧)2 학교.

같이 성종은 지방 장관으로 하여금 교육에 관심을 가질 것을 환기시키고 아울러「지명경족용자(志明經足用者)」를 뽑아 중앙에 천거하도록 하는 교육정책을 행하였던 것이다.18)

교육에 대한 성종의 이와 같은 관심은 실제 교육 담당자 중 교육사업에 공로가 있는 사람을 포상함으로써 권장하니, 성종 8년(988)에 대학 조교 송승연(宋承演)「회인불권(誨人不倦)」을 한 공로로 국자감박사(國子監博士)로 승진되고 아울러 공복(公服)과 옷·그릇·기구 따위의 일습(一襲)을 받는 영예를 누리었고, 남해도 나주목사 경학박사 전보인(全輔仁)은 같은 이유로 공복 일습과 쌀 50석을 받았다.19) 그러나 성종 때 지방 자제들을 위한 교육기관은 찾아볼 수 없고 고려 왕조의 교육정책에 대한 의식 변화와 북방 민족과의 서로 전투 행위 등이 원인으로 중앙에 있는 국자감까지 쇠약해져 거의 폐쇄 지경에 도달하였다. 인종 때에 와서는「주학(州學)에서 오랫동안 학업이 이루어지지 않는」20) 상태에 이르는 것이다. 이와 같은 과정이 계속되었으나 인종 5년(1126) 3월에「여러 주에 학교를 세우고 널리 가르치다」21)라고 하여 지방 자제들의 교육을 위한 학교를 설치하도록 하였다. 이러한 좋은 방책에도 불구하고 학교 설치는 더 이상 없었고 계속 침체에서 벗어날 수 없었다.

---

18)『고려사』권74, 선거(選擧)2 학교.
19)『고려사』권74, 선거(選擧)2 학교.
20)『고려사』권74, 선거(選擧)2 학교. "주학구불문학업성(州學久不聞學業成)"
21)『고려사』권74, 선거(選擧)2 학교. "제주립학이광교도(諸州立學以廣教導)"

4. 학교의 교육과정

모든 교육과정은 과목의 설정에 앞서 교육목표를 선행해야 할 조건으로 새로 만들어 정하여야 한다. 그런데 교육목표는 정치·사회에 관한 기본적인 사고·사상·경향에 따라서, 교육의 가치관 또는 계급의 대립에 따라서 서로 다르게 나타나게 된다. 이것은 교육과정에 그대로 반영된다고 본다.

고려시대 교육목표와 교육과정은 국가 정책의 사회성, 이상적 인간상으로 볼 때 봉건적 질서에 순응할 수 있는 인간을 양성하고 현실적 요청에 의한 국과 관료 양성에 기준이 되어야 한다는 국가적 요구에 따르고 있는 것이 그 특징이다.

고려 사회의 교육과정은 중앙과 지방에서 동일한 국가 통일 제도 하에서 동일한 교육목표로 그 내용을 구성해야 하겠으나, 고려시대의 교육과정은 전공에 따라 양분되어 있다. 유학(儒學)과 잡학(雜學)으로 구분할 수 있으며, 전자는 국가 관리의 양성을, 후자는 기술관의 양성을 목적으로 하고 있다.

1) 유학(儒學)의 교육과정

국자감 안에 국자학, 태학, 사문학이 범주에 포괄되며 교육과정은 다음 <표 2-1>과 같다.

<표 2-1> 유학의 교육과정 과목

구별	국자학(國子學) 태학(太學) 사문학(四門學)	
	교과(敎科)	수업 연한
필수	『논어(論語)』	합 1년
	『효경(孝經)』	합 2년
선택	『상서(尙書)』·『공반(公半)』·『곡양(穀梁)』·『의예(儀禮)』	합 3년
	『주역(周易)』·『모어(毛語)』·『상예(喪禮)』	합 3년
	『예기(禮記)』·『좌전(左傳)』	
수의(隨意)	시서(詩書) 학어(學語) 『설문(說文)』·『자림(字林)』·『삼합(三合)』	

이 <표 2-1>에서 보는 바와 같이 교육과정은 경서(經書)를 나누어 여러 학생을 교수하는데, 연말에 고시(考試)를 하여 등급을 매긴다. 경서에 있어서는 『주역』·『상서』·『주예』·『예기』·『모시』·『춘추 좌씨』·『공양전』을 각각 일경으로 하고 『효경』과 『논어』는 반드시 겸하여 꿰뚫어야 한다. 그리고 각 경의 수업 연한에 대하여는 『논어』·『효경』은 각 1년으로 하여 모든 학생이 공통으로 배워야하는 공통 필수과목이며, 선택과목은 아래와 같이 정하였던 것이다.

　(갑) 『상서』·『공양』·『곡량』 : 각각 2년 반
　(을) 『주역』·『오시』·『주예』·『의예』 : 각각 3년
　(병) 『예기』·『좌전』 : 각각 3년[22]

수학 방법은 (갑), (을), (병)의 세 종류 가운데에서 각 경전 하나씩을 선택하게 했으며 재학 기간은 통틀어 3년을 원칙으로 한다.

이렇게 모든 경서를 공부하면서 시무책 또한 연습하여야 했으며

---

22) 『고려사』 권74, 선거(選擧)2 학교.

틈이 있으면 매일 글씨를 한 장씩 쓰고, 겸하여 『국어(國語)』·『설문(說文)』·『자림(字林)』을 읽어야 했다.[23]

2) 유학 교육과정의 특성

앞에서 논한 교육과정에서 눈에 띄는 특성으로 공통 필수과목으로 『논어』와 『효경』을 선정하였다. 이것은 당시의 시대적 사회상을 잘 반영하고 있는 것이다. 『논어』, 『효경』을 위한 교육철학이 절대적으로 필요하였던 것이다. 또한 이것은 봉건적 성격을 갖고 있던 한 예시로 중국 역대 왕조가 집권에 필요한 지배체제의 질서를 확립하기 위해 학교교육에서 『논어』, 『효경』의 교육철학을 주입하였던 것으로 볼 수 있다.

---

23) 王鳳喈, 『中國敎育史』, 臺灣: 國立編譯館出, 民國48년(1959), p.51.

고려 학교교육에서의
문·무 양학의 관계

　고려 왕조가 집권하는 과정에서 중요하고 필요로 했던 것은 신라
말 고려 초에 정치 사회상에서 배양된 강력한 군사에 관한 장비 또
는 군사와 관계되는 준비를 갖추고 있었던 「역세훈신숙장(歷世勳臣
宿將)」, 즉, 지나간 세대인 훈공이 많은 신하로 노인 장수들과 지방
에서 강대한 토지와 사병을 양성하여 반독립국가적 성격을 갖추고
있었던 지방호족들의 세력을 약화시키고 집권화 지배체제의 기초
내용을 굳게 세우는 것이었다.24) 따라서 고려 왕조는 위에서 제기한
「집권화의 국가 지배체제」라는 목적을 달성하기 위하여 「훈신숙장」
에 대한 일대 숙청을 단행함과 동시에 일정한 정치체제 속에 이들을
고정시켜 세력을 약화시키고자 했다.25) 또한 지방 호족들의 세력을
약화시키기 위해 그들의 기반이 되는 무기의 몰수가 이루어졌으며
이와 병행하여 왕족의 충복으로서 이들을 대체할 수 있는 새로운 관
료군의 시급한 등용을 꾀하지 않을 수 없었다. 이와 같은 역사적 경
향은 집권화가 거의 완성되는 단계에 이르는 6대 성종(成宗) 대까지

---

24) 김용덕, 「고려 광종조의 과거제도 문제」, 『논문집』(중앙대학교) 4집, 1959, pp.141~152.
25) 이기백, 「高麗京軍考」, 『李丙燾 博士 華甲紀念論叢』, 일조각, 1956.

계속되고 있었다. 결과적으로 무인들은 정치·경제·사회·교육에
서까지 항상 문반(文班)보다 낮은 지위에 놓이게 되며 심지어는 무
인이 오로지 해야 하는 군정에 이르기까지 세력을 문인들에게 양도
하지 않을 수 없는 위치로 떨어진 것이다.

<표 2-2> 문·무반 직관(職官) 인원수 비교

품계 반별	정1품	종1품	정2품	종2품	정3품	종3품
문반	6명	12명	16명	19명	35명	23명
무반	x	x	x	x	8명	8명

위의 <표 2-2>는 문종(文宗) 때 중앙 직관으로 이 표에서 보는 바
와 같이 정2품(正二品), 종2품(從二品), 정1품(正一品), 종1품(從一
品)까지의 문반 관원 수를 합한다면 53명이나 된다. 이에 반하여 무
반이 상승(上昇)할 수 있었던 최고 관직인 상장군(上將軍)은 문반 정
3품(正三品)의 1/4도 못 되는 8명에 불과하고, 문반 정3품 이상의 관
원수와 비교하면 1/10에 불과하다. 이는 수적으로 무반의 상층 관료
수를 제한함으로써 이들의 세력을 약화시키고자 한 고려 왕조의 의
도를 잘 반영하고 있다.26) 이와 같은 문·무의 차별 정책은 국가 관
료의 등용을 위한 과거제와 과거에 응시 할 수 있는 유교적 교양을
닦는 고려 왕조의 국가 교육기관에서도 잘 반영되었다. 광종 때의
과거제도와 성종 때의 국자감 및 그 밖의 교육기관에서는 무인 관료
군의 진출을 위한 과거제도와 무인 관료군의 양성을 위한 국가 교육
기관이 국가 정책에서 제외되어 있었다.

---

26) 변태섭, 「高麗朝의 文班과 武班」, 『사학연구(史學研究)』 제11호, 1961, pp.1~82.

무인 정권하의 교육의 현실

1. 무인난(武人亂) 이후 교육의 현실

고려 의종(毅宗) 21년(1167)에 대장군 정중부(鄭仲夫) 등이 일으
킨 난리는 고려 사회의 성격을 근본적으로 변화시키고 말았다. 지금
까지 문신(文臣)들이 가지고 있던 정치·경제·교육의 모든 실권이
무인(武人)들에게 옮겨지게 되었으며, 신분적 질서를 유지하기 위한
봉건적 사회는 무인난을 계기로 신분에 대한 변화를 유지하게 된다.
초기 무인난 당시에는 정치상 무릇 문사의 벼슬아치를 쓴 자는 말단
의 행정에 종사하는 자까지 죽이라고 하는 등 철저한 보복적 「문인
살육정책」인 「문사육차진(文士戮且盡)」의 정치 사회를 나타나게 되
었다. 또 겨우 생명을 유지하게 된 문인들은 절에 들어가 스님이 되
거나 산간벽지에 숨어 은둔 생활은 하게 되었다.

이와 같은 정치 사회 아래에서 가장 타격을 받았던 분야는 학교교
육이었다. 문인에 대한 철저한 보복 정책이 행해지던 시대에 문인
관료의 양성을 위한 학교교육이 그 피해를 직접적으로 받지 않을 수
없었던 것은 분명한 사실이었다. 비록 초기 무인 정권이 학교교육
기관을 직접 폐쇄한 것은 아니었지만, 무인 상호 간의 권력 다툼에

서 오는 불만을 해소하기 위하여 생긴 권력 안배가 3경 4도호부(都護府) 8목(牧)에서부터 군현(郡縣)에 이르기까지, 중앙과 말단의 지방행정에까지 그 장관들을 모두 무인으로 이용함에 이르러서는[27] 문인 관료 양성기관으로서 학교교육의 의미(意味)는 이미 상실당하고 있었으며, 실제로 학교교육은 폐쇄당한 것과 다름없는 상태에 이르게 되었다. 더욱이 학교교육을 담당해야 할 대학박사에 무인직을 주어 지방의 말단 관리로 쫓아버리며,[28] 학교교육의 발달을 위한 장학기금으로 정해둔 것과 양현고(養賢庫)의 기물이 무인세도가의 사유물이 됨에 이르러서는 더욱 할 말이 없었다.

이와 같은 상태는 적어도 무인란 이후 30년 동안 계속되었으며, 그 과정에서 문인 학자들은 절이나 산간벽지에 숨어 은둔 생활은 하게 되었다. 「비록 학문을 배우고 전하려는 뜻이 있는 사람도 학문을 배울 스승을 얻지 못하고 절이나 깊은 산속에서 은둔하는 학자들을 찾아 개인적으로 겨우 배우는」[29] 현상은 학교교육에 있어서의 암흑상을 나타내는 것이다. 그러나 정치적 교양과 경험이 없는 무인들의 정치적 참여로 인한 사회적 혼란은 무인란 이후 과도기적 생태를 벗어나 무인집권체제가 안정기에 들어가는 최씨 집권 세대에 이르러서는 재평가되지 않을 수 없었으며, 이러한 자기반성을 통해 결국 문인들을 다시 등용하여 정치 실무에 참가시키지 않을 수 없게 되었다.

---

27) 『고려사절요』 권12, 명종 3년(1172) 10월.
28) 『고려사절요』 권12, 명종 8년(1177) 7월.
29) 이제현, 『역옹패설』(4권 1책), 전집.

2. 최씨 무인 정권하의 교육정책

무신들 사이의 정권 쟁탈전에서 최후의 승리와 기반을 얻은 최충헌(崔忠獻)은 무인란 이후 혼란한 정치 사회상을 재정비 및 강화하여 자신의 권력 구조를 확실하고 견고하게 만들기 위해 지금까지 은둔 생활을 하고 있던 문인들에 대하여 관료로서의 문호를 개방하였다. 결과적으로 문인 관료의 양성을 위한 학교교육이 다시 양성화되기 시작하였다. 물론 학교교육도 양성화되는 초기에 볼 수 없었던, 기생의 아들이 국학(國學)에 입학하는 등 국학 입학 자격에서 신분상의 무질서가 생겨났고,[30] 또한 국자감 시험에 있어서 권세에 경솔히 남의 설에 창설하여 비자격자가 응시하는 제도상의 문란이 보이기도 하였다.[31] 여하간 이때부터 국자감이 교육기관으로서 다시 본궤도에 오르기란 아직 멀다고 보여졌다. 그러나 국자감 교육을 위한 새로운 재정적인 기반을 마련하여 준 것 등이 교육을 위한 발전이라 할 수 있다.

첫째, 학교 재원의 확보이다. 고종 30년(1243) 전시 하에서 국자감을 위한 재정적 토지 수입이 두절된 상태에서 백곡을 국자감의 재정 기구인 양현고(養賢庫)에 기부하여[32] 재정을 보조하는 한편, 양현고에 대한 재정적 토지 수입을 원활하게 하기 위하여 양현고의 직제를 강화하여 직원을 4명 늘려주었다. 그중에 2명은 양현고 소유의 전지가 있는 곳에 파견하여 권농과 수세를 담당하게 하였고 그 외에

---

30) 『고려사절요』 권14. 신종(神宗) 6년(1203) 7월.

31) 『고려사절요』 권15. 고종(高宗) 9년(1222) 4월.

32) 『고려사절요』 권16. 고종 30년(1243) 6월.

2명은 양현고에서 수세된 현물을 감수하게 하였다.[33]

둘째, 학교 시설을 완비하였다. 고종 38년(1251) 강화도 화동에 새로운 국자감을 창설하여 공자의 진상을 봉안한 시설이 생겼다.[34] 이와 같은 사실은 국자감 시설의 보안과 입학생의 증가에 따라 개경(開京) 국자감의 규모와 흡사한 형태의 국자감으로 그 모습이 변화한 것을 알 수 있다.

셋째, 국학생에 대한 특전이다. 국학의 모든 생도로 하여금 한시(漢詩)로 시험을 보게 하여 그 성적에 따라 관료로 보임(補任)하게 한 사실이 있었다. 고종 32년(1245) 국학생 고계릉(高季稜) 등이 그 대표적 예이다.[35] 결과적으로 국학 학생들의 사상과 학습 의욕을 불러일으켰을 것으로 생각되며 따라서 실은 국가의 대교학정책(對教學政策)의 하나로 생각할 수 있다.

3. 무인난 후 사학 교육의 역할

무인난 초기의 교육정책이 암흑의 시대에 있었어도 학문의 명맥을 보존할 수 있었던 까닭은 사원이나 산간벽지에 은둔 생활을 하던 학자들을 중심으로 전개되었기 때문이다. 이것이 바로 사학이다. 고려의 높은 유학자 이제현(李齊賢)이 충선왕(忠宣王)과의 대담에서 지적한 바와 같이, 「무릇 벼슬을 하지 않는 선비로서 흔히 불문(佛

---

33) 『고려사절요』 권16. 고종 30년(1243) 6월.

34) 『고려사』 권24, 고종 38년(1251) 8월.

35) 『고려사절요』 권16, 고종 32년(1245) 4월.

門)에 가서 글의 장과 구를 학습하는」36) 은둔적 학문 생활은, 비록 이때부터 시작된 것은 아니겠지만, 이 당시의 학문의 명맥이 여기에서 유지되었다는 것을 생각한다면 그 의미가 다른 시대에 비해 참으로 큰 것이다. 물론 문교 정책이 그전 모습으로 돌아가는 최씨 무인 정권 시대에 이르러 홍문관에 급제한 임득후(林得侯)의 명칭이 나오는 기록으로 보아, 무인란 이전의 사학인 십이도(十二徒)37)의 존재를 알 수 있다. 이 당시의 사학이 아니라 사원이나 농장, 기타 은둔 생활에서 아무런 조직 없이 사사로이 학문을 전달한 기구로서 사학을 소개하겠다.

첫째, 산간 또는 동산에서 내려오는 한상언의 서재,38) 일월사(日月寺)의 「낙재학당(樂齋學堂)」, 공주 산장의 「백운자신호」의 서재39) 또는 최독(崔讀)의 「쌍명재(雙明齋)」 등과 같은 교육장은 무인란 후의 교육 암흑상에 있어 교육의 명맥을 유지하게 한 공적이 크며, 이 밖에도 사사로이 개인적으로 후학 교육에 전념한 학자들이 많았다.

둘째, 농장 및 은둔 생활에서의 사학이다. 동산의 별야에 생겨나는 서재,40) 안축(安軸)이 척현 두타산(頭陀山) 아래의 별야에 퇴거하여 유학의 연마에 종사한 사실 등이 유명하다.

셋째, 그 밖의 교육방법이다. 개인적인 관계의 성질을 띠고 은둔(隱遁) 지사, 즉, 세상을 피하여 숨어 사는 고매한 뜻을 품은 사람을 찾아 개인적으로 학문을 전수하는 방법도 생겨났다. 명종조(明宗朝)

---

36) 『고려사』 권74, 선거(選擧)2 학교.
37) 이인로, 『파한집(破閑集)』 하권.
38) 이인로, 『파한집(破閑集)』 상권.
39) 이인로, 『파한집(破閑集)』 하권.
40) 이규보, 『동국이상국문집』, 이상집(李相集).

의 뛰어난 유학자 이인로(李仁老)는 한 늙은 유학자를 따라서 개인적으로 학문을 연구한 대표적 인물이다.

　이상에서 살펴본 바와 같이 사학의 발달은 형식과 체계를 갖고 있는 학교교육보다 자유로운 교수 방법에 의하여 개성을 존중하는 교육과 자유로운 사고능력 발달을 도와서 이루게 하는 것은 지혜로운 교수 방법이었다. 사원에서 은둔 생활을 하는 유학자와 승려들로부터 불교의 심성적 철학 사상으로의 감화는 고려 후기 주자학의 전례와 그것을 받아들일 수 있는 사상적 배경을 이미 마련하고 있다는 점에 있어서 그 역사적 의의가 실로 크다. 또 이와 같은 사학의 발달은 개경 환도 후에도 그대로 계속되어 학문의 발달에 지대한 공적을 남겼고, 고려 말 정몽주(鄭夢周), 이색(李穡)과 같은 높은 유학자들을 배출할 수 있는 학문적 기반을 마련하였다.

제6절

고려시대의 교육 사상

1. 교육 사상의 시대적 관점

고려 사회의 사상은 유교와 불교에 의해 지배되던 시기라 할 수 있다. 태조 왕건에 의하여 건국된 고려 왕조는 신라 왕조의 사상적 기반을 그대로 수용하였고 유교에 의한 「치국이념」과 불교에 의한 「호국사상」이 고려 전반을 통하여 그대로 유지되고 있었다.

그러나 고려 말기는 유학자들에 의한 불교 배척 운동이 있었으나 「큰 바다의 한 거품에 지나지 않는 것이다」라고 하여 고려시대의 사상은 유・불이 서로 의기가 잘 맞아 장한 마음을 서로 맞잡아 가면서 발전하고 있었다. 「제가치유의 학」으로서의 현실적 학문인 유교와 「수신치기(修身治己)」 그리고 「안심입명(安心立命)」의 종교인 불교는 서로 현실과 내세라는 일반적인 깨달음으로서, 유생으로 문필에 종사하며 불교를 독실하게 믿는 사람, 유학을 겸하여 통하는 승려가 많았던 것이다. 다시 말하면 고려 초기의 유학자인 최승로(崔承老)는 그의 상서에서[41] 유・불의 성격을 논하고 있으며 문종 때의 대각국사

---

41) 『고려사』 권93, 최승노 「行釋敎者 修身之本 行儒敎者 理國之本 源條身來世之資 治國乃之務」.

(大覺國師)[42) 의천(義天)은 불승으로서 유도의 가르침의 도를 닦을 것을 강조하고 있는 것을 알 수 있다. 이와 같은 유·불의 사상은 고려 사회 전반기를 통하여 그대로 유지되고 있었다. 고려 말 이색(李穡)은「물진성인야」라고 하여 불교 사상을 긍정하였고, 고려 말 승려 신돈은「문선왕 천하 만세 사야」라고 했던 공자 사상을 인정하고 승인하여 유학을 그대로 반영해주고 있다. 따라서 고려시대의 사상적 배경을 기반으로 내세지교(來世之敎)인 불교는 사원을 중심으로 발전하였고,「현실적 치국근본」의 학문인 유학은 학교를 중심으로 발전하여 이후 고려 사상의 이대 주류를 형성했던 것이다.

대체로 보아 어떠한 사상이라도 그것이 발전하자면 먼저 그 국가의 적극적인 인정이 수반되어야 한다. 이 점에 있어 고려시대의 불교와 유교는 서로 상통하는 것이었다. 태조십훈요(太祖十訓要)에서 볼 수 있는 승불 사상, 유학 사상 그리고 사회적으로 연등회(燃燈會), 과거(科擧)와 같은 국가적 행사는 바로 이것을 말해주는 것이다. 이와 같은 사상적 배경하에서는 결과적으로 이러한 사상을 발달시키고 확립시킬 인재가 요청되었고, 여기에 불교 진흥을 위한「대각국사 의천」,「지눌대사」등을 볼 수 있으며, 이와 마찬가지로 유학 사상의 발전을 위한 교육활동가 또는 사상가의 출현도 볼 수 있다. 최중·이색·안향·정몽주·길재 등과 같은 학자들이 이것이다.

---

42)『대각국사 의천문집(大覺國師 義天文集)』, 第十三 與內侍 文冠書,「先民所謂修儒道之敎, 可以不失人天之報, 古今賢達, 皆以爲 知言也」.

2. 고려시대의 교육 사상가

1) 최충(崔冲: 984-1068)의 교육관

최충은 교육가로서도 찬연한 업적을 남기었다. 그는 문종 22년 85세의 나이로 서거할 때까지 10년간을 교육자로서 후학 교도에 바치었다. 그는 향학심에 불타는 청년들을 위해 사숙을 열었다. 그가 세운 학당은 학생을 학습하는 교육과정의 전문성에 따라 악성(樂聖)·대중(大中)·성명(誠明)·경업(敬業)·조도(造道)·솔성(率性)·진덕(進德)·대화(大和)·대빙(待聘) 등 9재(九齋)로 나누어 교육하였기 때문에 9재 학당이라고 불렸다.

또한 당시 사람들은 그를 신라 때 집사성(執事省)의 으뜸 벼슬을 가진 분과 같다고 하여 최공도(崔公徒)라고도 하였다. 그는 교육 사상으로 덕행과 문장을 중요시하였다. 그가 설립한 9재의 교육과정은 오경과 삼사(오경은 『시경』·『서경』·『주역』·『예기』·『춘추』이고 삼사는 『사기』·『한서』·『후한서』를 이름)를 중심으로 하여 시(詩)·부(賦)·가(詞)·장(章) 의 학문을 설정한 것이다. 9재의 교육방법은 유교 덕행으로, 수양에 따른 순서를 표시한 것이었다. 그리고 최종 목표가 과거 합격이라는 당시의 교육사조로 보아 과거 과목으로서 시문의 성적이 불가피한 것이었다.[43] 이와 같이 최충의 교육활동은 학문을 숭상하는 풍습이 없던 시기에 크게 영향을 주었고, 사후에도 문하생 중 과거를 보는 자는 대개 이들 9재의 영역에 있던 자들이라고 세인(世人)들은 말하고 있다.

---

43) 『고려사』 권95 열전.

2) 안향(安珦: 1243-1306)의 교육관

안향은 관직에 있을 때나 평민에 있을 때나 항상 유학 교육에 관심을 가졌다. 안향은 몽골족의 침입으로 인한 당시의 교육 상태를 크게 개탄하여 유학 부흥을 위한 교육 사업을 필생의 과업으로 삼았다. 충렬왕(忠烈王) 11년(1285)에 「본국유학제거」 감독관으로서 왕을 따라 원나라 연경에 수행하여 『주자전서(朱子全書)』를 보고 그것을 바른 개통이라 하여 손수 베끼고, 또 공자와 주자의 현상을 그려 돌아오니 이에 처음으로 우리나라에 주자학이 전해졌다.[44]

그는 「성현의 도는 일용 윤리에 불과하니, 자제로서 마땅히 효도를 해야 하며, 신하로서 충성해야 하고, 예로서 가정을 다스리고 신의로서 친구와 교제하고, 자기 자신을 다스리는 데 있어서는 반드시 존경으로 하여 일을 처리하는 데에는 반드시 성의(誠意)를 다하는 것뿐」[45]이라 하고 일상생활의 윤리가 성인의 도리라고 하며 교육의 생활화를 주장하였다. 이것은 곧 유학자들이 근본을 잃고 다른 이야기에 전염되는 것을 막고자 한 그의 교육 사상의 단면이라 하겠다.

3) 이색(李穡: 1328-1396)의 교육관

이색의 교육 사상의 기초가 되는 것은 이성론(理性論)이다. 그는 우주의 법칙을 이(理: 불변의 법칙), 만상(萬象:모든 물건의 드러난 형상)의 문화는 성(性:사람, 사물의 본바탕) 그리고 도(道)의 대원(大原:근본)이 하늘에서 생기는 것이라 보았다. 모든 것의 근원은 하늘

---

44) 『매헌선생연보(梅軒先生年譜)』.

45) 『고려사』 권22, 충렬왕 30년 5월.

에 있고 하늘이 곧 다스림이 되며 따라서 모든 것이 하늘로부터 나오는 것이다. 물건이라는 것은 자취뿐이다. 그러므로 사랑에 있는 것도 성(性)이요 물건에 있는 것도 성(性)이다. 이것은 다 같은 성(性)으로서 동일한 천(天)에서 나온 것이다. 도의 근원인 천(天)으로부터 나온 만상의 분화가 성(性)이다.[46] 따라서 본질적인 하늘의 성(性)으로부터 분화된 인간은 동물성으로부터의 세속을 벗어나 인성으로서의 도의 실현을 꾀하여야 할 것이다. 그러므로 학교는 「풍화지원(風化之源)」이니 인재의 양성은 「정교의 본」이고 만일에 이것을 배양하지 않으면 그 근본이 반드시 공고하지 못하며, 또한 이것을 받아 그 근본을 반드시 맑게 할 수 없을 것이다.[47]

그는 교육을 중요시하여 일찍부터 관심을 낱낱이 음미하였고, 특히 「학교제일주의」를 주장하였다. 원나라에서 돌아와 당시 왕인 공민왕(恭愍王)에게 올린 시정론 가운데 「논숭학(論崇學)」에서 근래 학교가 부진한 것은 학자가 모두 봉급에만 급급하여 「기송공리(記誦功利)」의 학에만 힘쓰며, 벼슬에 올라가기만을 바라는 자는 과거 급제를 거치지 아니하고, 급제자는 국학을 거치지 않기 때문이라고 하여 그 시정책으로 앞으로의 관직과 과거는 반드시 국학을 나와야만 응시할 수 있도록 하자고 주장하였다.[48]

그는 교학을 부진한 상태에서 다시 일으키기 위하여 몸소 교육 실무를 담당하였다. 공민왕 16년(1366) 성균관 대사성(大司成)의 직무를 맡아 당시 첫째가는 석학(碩學)인 김구용(金九容)·정몽주(鄭夢

---

46) 『목은집(牧隱集)』, 직설삼편(直說 三篇).
47) 『고려사』 권115 열전, 28.
48) 『고려사』 권114 선거2 학교.

周)·박의중(朴宜中)·이숭인(李崇仁)·박상의(朴尙毅) 등을 학관으로 하여 각기 결전을 분담하여 학생들의 교육과 강의에 적극적인 관심을 기울였다. 이에 비로소 문교가 크게 떨치게 되었다. 학교교육의 내용은 성리학으로서 이때부터 비로소 성리학이 크게 일어나 유학에 조예가 깊어가는 학풍과 학술이 환히 빛나고 일신하게 되었던 것이다. 그는 교육방법으로 본문을 강의하고 의심이 나는 것은 논쟁하고 답을 합의하여 주지(主旨)에 합하도록 힘쓰고 각자의 개성을 존중하도록 하였다.[49]

---

49) 이색, 『목은선생문집(牧隱先生文集)』, 권근 서(序) 「이목은행장(李牧隱行狀)」.

3부

조선시대의 교육

조선시대를 총괄하는 제언

1. 조선시대의 특수한 모습

조선 사회는 고려시대의 모습과 비슷해 보이지만 자세히 분석하면 고려의 정치 구조와 사회 구조가 귀족적이고 비율로 보아 불교적인 반면, 조선 사회는 더 관료적이고 보다 유교적인 면이 많다. 조선 사회는 유교를 기반으로 하는 관료군이 지배하는 사회였다. 더욱이 유교는 국가의 지도 원리로서 정치와 교육의 근본이었고, 입신출세(立身出世)의 유일한 도구였다. 조선의 정치 구조는 태조 이래 몇 차례의 변화를 거쳐 성종 16년(1485)에 이르러 완비되었던『경국대전(經國大典)』에 그대로 반영되어 나타난다.

그것은 관제를 동서 양반으로 크게 나누며 동서각반에 다시 경직과 외직을 두고 전 관료는 정1품에서부터 정9품에 이르는 품계로 고정되었다. 그리고 토지 제도는 형식적인 국유를 원칙으로 하며 수조권(收租權)의 귀속에 따라서 공전과 사전으로 나누어 왕족과 일반 관료에서부터 외직 관료에 이르기까지, 또 중앙의 대소 관료에서부터 지방의 말단 행정 관료에 이르기까지, 토지에 대한 수조권을 주는 대신 농민들은 일반적으로 이들의 예속화에 토지 소유권이 없이 단지 경작권만을 가졌을 뿐이었다. 이와 같은 조선 사회의 정치적 구조는 관료 진출에 의한 생산수단인 토지의 지배는 귀족 인구의 증가에 따라 정치 사회의 모순을 드러낸 조선 사회의 성격을 변질시키는 것이다. 제한된 관료 진출과 토지의 고정된 성격은 조선 사회에 있어 귀족 수의 증가에 의한 관료 진출에의 경쟁, 또 어려운 관문을 뚫고 관료에 진출한 신진 관료와 구 관료 사이의 생산수단 확보를 위한 특징을 나타내게 되었다. 이것이 조선 사회에 있어서 정치적 구조의 병폐로 나타났던 붕당 발생의 근본 원인을 이루게 되며, 조선 사회의 정치적 또는 교육열까지 약해지는 요인이 되었다고 본다.

2. 교육사 연구 과정상 시대 구분

조선시대 교육사를 연구하는 데 있어서 불가피하게 시대를 구분하는데, 학자에 따라 몇 가지 방법이 있다. 그러나 필자는 다음과 같은 방법으로 집필하겠다. 조선 오백 년의 정치와 교육을 하나의 시대로 취급하여 한결같이 해버린다는 것은 너무나 많은 시대적 특징을 무시하는 결과가 된다. 그러나 어떠한 시대를 중심으로 전후로 구분하는 시대 구분법은 많은 문제점을 가지고 있다. 그리하여 정치·경제·사회·교육 모든 면에서 조선시대를 몇 개의 시기별로 구분한다는 것은 사실상 어려운 문제이다. 특히 교육사적 입장에서 살펴볼 때는 더욱 어려운 문제가 생기게 된다. 제언하면 조선시대의 교육이 그 철학에 있어서 별 변화가 없었다는 점, 다른 사상에 배타적이었고 결과적으로 학문의 자유로운 연구가 불가능했다는 사실이다. 이와 같은 문제는 하루 밤낮의 길이도 장단의 변화가 있는 것과 마찬가지로 사실상 시대 구분의 문제를 흐리게 한다.

이제 한국교육사적 입장에서 일반적 특수성을 고려하여 조선시대를 몇 시기로 구분하여 차례대로 서술하고자 한다. 또한 이 방법은 신천식의 사관에 따르기로 한다.

① 전기: 태조에서 9대 성종(1494)까지. 교육체제의 확립기
② 중기: 연산군에서 20대 경종(1724)까지. 교육 사상의 성립과 분열
③ 후기: 영조에서 26대 고종 13년(1876)까지. 새로운 교육 사상의 수용으로 진통을 겪었던 시기
④ 말기: 고종 13년(1876)에서 순종까지. 국권회복운동기

제2절

조선 전기(1392-1494)의 학교교육

　태조 이성계는 새 왕조를 세운 이후 구 왕조의 교육정책을 대부분 답습하여 지배체제를 확립하는 데 힘썼다. 학교교육에 있어서는 태조가 즉위한 이래 중앙에 성균관 오부학당과 지방에 향교를 세우고 유학에 관심을 집중시키는 반면 잡학에도 관심을 가져 건국 초기에 다양한 학교를 설치하였다. 간단한 표로 나타내어 소개하겠다.

<표 3-1> 건국 초기의 학교 종류

중앙	유학	성균관
		오부학당 (후에 사부학당이 됨)
		종학(宗學)
	잡학	십학(十學)
지방	유학	향교
		서당
	잡학	역사 기타

1. 학교의 교육 내용

1) 유학교육 기관(성균관)

(1) 성균관의 설립

태조의 국가 건립 초기에는 구 왕조의 성균관을 그대로 이용해 최고의 교육기구로 사용했다. 그러나 태조 2년 한양을 수도로 도읍을 옮기고, 2년 후인 태조 4년(1395)의 12월에 한양에 새로운 왕조의 교육기구로서 문묘(文廟)를 수고로이 일으키고,1) 3년 후에 한양 동북의 숭교방(崇教坊)에 성균관이 건립되었지만 얼마가지 않아 일어난 「왕자의 난」과 같은 정변들로 인해 다시 개경으로 환도를 하여야만 했다. 그에 따라 한양의 성균관은 그 교육적 역할을 충분히 실행하지 못하였는데, 더군다나 정종 2년(1400)에 성균관이 불에 타버리게 되어 이것이 또 유명무실하게 되었던 것이다.

그러던 가운데 나라를 유지하는 기초가 다시 확립되었고, 나라의 수도를 한양으로 다시 옮긴 태종(太宗)에 이르러 성균관은 부활(復活)하게 되었다. 그리하여 태종 6년(1406), 성산군 이직(李稷)과 중군총판 박자청(朴子靑)에게 토목건축의 일을 감독하게 하여 다음 달에 이르러 구지(舊地)에 다시 성균관 문묘가 완성되었다.2) 이때부터 조선의 교육기관으로서의 성균관이 비로소 그 체제를 확립하였는데, 태종 시대의 성균관은 이후 185년 동안 내려오다가 선조 25년(1592) 임진왜란의 병화(兵火)에 의해 불타버리고 말았다. 현재의 성균관은 선조 34년(1601)에 다시 재건한 것이다.

---

1) 『태조실록』 권8, 4년(1395) 12월 7일.
2) 『태종실록』 권13, 7년(1407) 2월 14일 및 『태종실록』 권13, 태종 7년(1407) 3월 21일.

2) 교육활동과 교육과정

(1) 교육활동

경술(經術), 즉 유가의 경서에 관한 학문과 문예(文藝)를 주로 연마하여 정주학(程朱學)[3]을 봉독(奉讀)한다. 교육과정의 단계적 편성에 의한 구재학규(九齋學規)가 그 특색으로 되어있다. 구재는 성균관의 교육을 사서오경에 따라 오경제(五經齋)와 사서제(四書齋)로 나누었던 고려 공민왕 때의 제도로 태종 7년(1407) 권근의 상소로 다시 부활되었다.[4] 교육과정에 따라 구재로 편성하고 거기에 대학 세목(細目)을 명시한 학규인데, 태종 11년(1411) 이후 이것이 잘 시행되지 않고 있다가 세종 시대에 이르러 부활하자는 논의가 있었다.[5] 세조 6년(1460)에 전대 왕조의 법에 의하여 국학에 구재를 설치하자는 예조계(禮曹啓)가 나오고 있으며,[6] 세조 10년(1464)에 비로소 성균관의 구재지법이 예조에 의하여 선정되고,[7] 12년(1466) 2월에 비로소 성균관 구재지법[8]이 생겨 마침내 구재지법이 시행된 것을 알 수 있다.

(2) 교육과정

성균관의 교육과정인 구재학규가 어떤 학과목인지 알아보기로 한다. 그 전문적인 성격에 따라 각각 재(齋)로 편성하여 구재로 하고,

---

3) 송나라 때에 정호(程顥), 정이(程頤) 계통의 유학.
4) 『태종실록』 권13, 7년(1407) 3월 24일.
5) 『세종실록』 권39, 10년(1428) 2월 12일 및 2월 22일.
6) 『세조실록』 권21, 6년(1460) 9월 17일.
7) 『세조실록』 권34, 10년(1464) 9월 21일.
8) 『세조실록』 권38, 12년(1466) 2월 23일.

이것을 순차적으로 학습하여 『대학』에서 『역경』에 이르게 하는 교육과정의 관계적 배열인 것이다. 그리고 매년 봄과 가을 2차에 걸쳐 고강으로 승재(乘齋)의 기회가 부여되었다. 그리고 성균관 학생들은 교육과정에 의한 학문 연구뿐 아니라 실제 생활에서 행동의 선행도 중요시하고 있었다. 학생들은 반드시 재(齋)에 기숙하게 하여 매일 조석(朝夕)에는 중복을 갖추고 식당에서 열좌 회식하며 또 여기저기서 「출석부」인 도기(到記)에 원점을 부하여 삼백 일 이상을 거관하여야만 과거에 응시하게 하는 등의 규정도 있어서,[9] 식당을 재생들의 일상생활의 규범으로 하여 몹시 중요시하였다.

또한 성균관 교육의 특징 중 하나는 재생의 자치활동으로서 재생 가운데에서 장의와 색장 등을 뽑아 장의의 주재하에 제회를 열어 필요한 사항을 중의로서 결정하되 때로는 동료 재생을 심하면 제재하기까지 이르기도 한다. 생각건대, 국가 정책에 있어 실정이 있고 또 명륜 풍교에 해가 될 만한 일이 있다고 인정이 될 때는 학생들이 상소를 올리어 탁행하는 일도 있었으니 이것을 유소라고 한다. 만약에 이들 유소에 대한 국가 정책이 보복적일 때 그들은 권당·공제·권당으로서 이에 대항하였다. 권당은 식당에 들어가지 않는 것, 다시 말하면 단식 동맹에 돌입하는 것이고, 공제는 기숙사에서 모두 나가는 것을 의미하며, 공관은 학생 전부가 대성전 신문 외에 이르러 사배하고 퇴거하는 것이다. 유생들의 이와 같은 행동에 대한 일반 사람들의 관심도 점점 커지게 되어, 시정은 각 전포가 문을 닫고 이에 호응과 동정을 표시하였다. 특별한 예외는 있었으나 유생들의 유소

---

9) 『동국문헌비고(東國 文獻備考)』, 학교고(學校考), 雜食堂.

는 대부분 관대하게 받아들여져 국가 정책으로 반영되었다.

2. 학당의 교육 내용

조선 건국 초기의 오부학당(五部學堂)은 독립된 학사(學舍)를 따로 세우지 않고 사원(寺院)을 빌려서 학문을 닦는 것에 불과했다. 그 내용의 기록에 보면, 동부학당(東部學堂)은 순천사(順天寺)를, 서부학당은 미륵사(彌勒寺)를 빌려 쓰고 있었다.

그러다가 이들 학당은 정종 2년(1400) 8월에 사승과의 대립문제로 일단 파계했다가,[10] 태종 시대에 이르러서야 그 체제가 완비되었다. 즉 태종 11년(1411) 6월 성명방(誠明坊)에 남부학당(南部學堂)을 기공하여 그해 9월에 낙성한 것을[11] 중심으로 하여 차례로 오부학당이 형식을 갖추게 되었다.

세종 6년(1424)에 다시 서부학당을 운영하고,[12] 세종 20년(1438)에는 경성 오부(五部)의 새로운 책정에 따라 이전의 동부학당을 북평관(北平館)으로 하고 새로 유우소(乳牛所)의 옛터에다 동부학당을 건립했다.[13] 세종 3년(1421) 남부학당을 중수하여 중부학당의 생도들을 나누어서 가르치려 했고 후에 북부 관광방에 새로운 건물을 확정했다.[14] 그러나 북부학당은 건물을 세우지 않고 다른 학당의 건물

---

10) 『정종실록』 권5, 2년(1400) 8월 21일.

11) 『태종실록』 권21, 11년(1411) 6월 29일, 동년 9월 30일.

12) 『세종실록』 권25, 6년(1424) 5월 19일, 동년 8월 30일.

13) 『세종실록』 권80, 20년(1438) 3월 20일.

14) 『세종실록』 권12, 3년(1421) 7월 4일.

을 빌려 쓰다가 세종 20년(1438) 이후에 폐지되었다. 그 이후에는 사부학당의 명칭으로 고정되어 있었다. 세종 20년 때 북부학당은 이미 그 교육적 의미를 잃어버리고 만 것이다. 이로써 조선 전기는 사부학당만 운영되고 있었다.

학당의 교육활동은 성균관에 예속된 교육기관으로서 지금의 중등 교육 기관의 성격을 가지며, 학제와 기타 교육방침에 있어서도 성균관과 별로 다를 바가 없었으나 단지 그 구조에 있어 명륜당과 양재를 가질 뿐 문묘는 두지 아니하였다. 태종 11년(1411)과 세종 9년(1427)에 교관전임제의 실시, 성종 8년(1477)에 30개월 근속법이 나왔고, 또 세종 6년에 교관의 「윤번직숙(輪番直宿)」이 나와 교관직의 전임제를 위한 노력이 있었으나15) 이후 실효를 거두지 못하였다.

학당의 입학 자격은 1품으로부터 서인(庶人) 자제에 이르기까지 8세 이상을 원칙으로 하며 15세에 이르러 학문이 우수하면 생원시에 나아갈 수 있었다16). 또 학생의 정원은 각각 백 명으로 하며 교육과정은 성균관과 같이 경술과 문예를 주로 수강했으며 세종 때는 강독을 등한시하고 주로 시나 글을 짓는 것에만 치우치는 교육과정을 무시하여 1일부터 15일까지는 시문을 쓰고 16일부터 30일까지는 경서의 제사를 강독하게 하여 제술 및 강독을 논하지 않고 매일 학과목에서 우수자 5명을 뽑아 예조에 녹명(錄名)으로 보고하고 생원회시에 응시할 수 있는 자격을 주도록 설정하고 있다.17) 교육방법으로서 세종 때 교관이 성적 불량자를 책임지도록 하고,18) 성종 때에는 번

---

15) 『세종실록』 권25, 6년(1424) 8월 10일.
16) 『태종실록』 권25, 13년(1413) 6월 30일.
17) 『세종실록』 권55, 14년(1412) 정월 15일.
18) 『세종실록』 권18, 4년(1422) 11월 14일.

(番)을 나누어 밤에도 글을 읽게 하였다.19) 고시 방법으로서 예조가 매월 20명씩 뽑아 매 6월마다 남부학당에서 모이게 해서 3품 이상의 문신 3명이 강론으로 제술로서 시험하여 우수자 10명을 뽑아 생원이나 진사의 복시에 응할 자격을 주었다.

3, 종학(宗學)의 교육 내용

종학은 종친 자제들의 교육을 목적으로 설립된 것으로 행정 계통으로 보면 다른 유학(儒學)과는 달리 종친부(宗親府)의 감독을 받는 학당의 하나이다. 세종 10년(1428) 처음으로 종학을 세워 재원을 마련하고 대군(大郡) 이하로 하여금 교육받고 취학하게 하고 있으며,20) 다음 해 11년(1429) 10월에 「경복궁 건춘문(建春門)」 밖에 종학 건물을 새로이 짓고21) 12년 3월에 종학 학사를 세워 비로소 명실상부한 종친(宗親)들의 교육기관으로서 종학의 체제가 확립되었다.22)

학관(學官)은 처음에 종학박사(宗學博士) 4명을 두었으나 세종 15년(1433)에는 종학에 입학하는 학생들의 숫자상 증가로서 2명 충원하여 동서반(東西班) 3품 이하 6품 이상으로 했다.23) 종학의 교육과정은 경술(經術)과 문예(文藝)를 주로 했으며, 『소학(小學)』도 중요한 과목으로 설정되었다. 매년 6월 초에서부터 7월 말에 이르는 하

---

19) 『성종실록』 권8, 1년(1470) 11월 8일.

20) 『세종실록』 권41, 10년(1428) 7월 12일.

21) 『세종실록』 권46. 11년(1429) 10월 20일.

22) 『세종실록』 권47, 12년(1430) 3월 6일.

23) 『세종실록』 권61, 15년(1433) 8월 24일.

기(夏期)와 11월에서 12월에 이르는 동기(冬期)에 방학이 있었으며, 매월 초에 1일, 초 8일, 15일, 23일에는 급가(給假)라고 하여 관(官)에서 휴가를 주어 휴식을 취하게 하였다.

4. 향교(鄕校)의 교육 내용

향교의 설립은 지방 자제들의 교육을 위한 학교에서 출발하였다. 향교의 기원(起源)은 이미 고려시대부터 찾아볼 수 있지만, 조선시대에는 전국적인 규모로 향교가 발생하게 되었다. 따라서 지방 교육에 대한 국가적 관심이 건국 초기부터 눈에 뜨이며, 특히 한양에 천도한 태조 때 와서는 더욱 적극적으로 나타난다. 태종 4년(1404)에 통경노성지사(通經老成之士: 오경과 통감에 능통하고 덕행이 드러나 알려진 자)를 택하여 교수로 삼아 지방교수(地方敎授)를 담당하게 하는 데 관심을 보이고,24) 태종 11년(1411)에는 의주(義州)·이성(泥城)·강계(江界) 등 북쪽 국경지대까지「유학교수관」을 파견하였으며,25) 18년(1418) 4월에는 제주(濟州)까지도 교수관을 파견하니,26) 이때에 이르러서 조선의 향교 교육은 전국적 규모로 확대되던 것이다. 교관의 임명은 호구 5백을 원칙으로 하였으나, 예외적으로 도호부(都護府)와 같은 상급 행정 관청은 5백 미만일지라도 학관을 파견할 것을 규정으로 하고 있다.27) 향교는 나라의 행정기관에서

---

24) 『태종실록』 권8, 4년(1404) 8월 20일.
25) 『태종실록』 권11, 6년(1406) 3월 24일.
26) 『태종실록』 권35, 18년(1418) 4월 18일.
27) 『세종실록』 권2, 즉 위년(1418) 12월 21일.

몇 번의 변화가 있었으나, 『경국대전(經國大典)』의 전국 향교 수와 교수 훈도의 정원을 살펴보면 다음과 같다.

<표 3-2> 전국 향교 수와 교수 훈도의 정원

도별	향교	교수	훈도
경기도	37	11	26
충청도	54	4	50
경상도	67	12	55
전라도	57	8	49
강원도	26	7	19
황해도	24	6	18
영안도	22	13	9
평안도	42	11	30
합계	329	72	257

학관은 일정한 자격 요건을 갖추어야 했다. 초기에 있어서의 교수 훈도의 자격은 적어도 「생진과(生進科)」에 합격한 생원·진사 또는 문과 합격자일 것을 원칙으로 했다. 그러나 세종 2년(1420)에 이르러서는 주(州)와 군(郡)의 교관 자격을 생원진사로서 문과회시 초장에 합격한 자 중에서 일정한 시험에 합격할 것을 규정했다가,[28] 세종 12년(1430)에는 생원진사시 합격 자격을 갖춘 자로 서울에 거주하는 자는 예조에서, 지방에 거주하는 자는 감사가 사서(四書)와 이경(二經)을 시험하여 합격한 자를 대상으로 하는 약간의 변화를 보이고 있으며[29] 또 세종 29년(1477)에는 생원·진사로서 문과회시의 강경(講經)에 합격한 자로서 원하는 자는 지방 교육

28) 『세종실록』 권8, 2년(1420) 5월 11일.
29) 『세종실록』 권50, 12년(1430) 10월 23일.

자격을 부여하게 되었다.30)

이상으로 향교에서 가르친 자들의 직책 및 자격에 대해서 논술하였다. 그러나 사회의 변천에 따라 교관의 질적 수준이 점차 저하되는 경향이 나타나게 된다. 이것은 당시 과거에 합격하여 관료로서 진출하려고 한 학자들의 노력의 일환으로 「교회지임(敎誨之任)」에 취하기를 원하지 않았던 시대상을 잘 반영하고 있는 것이다.

향교는 내부의 꾸밈새가 성균관과 같이 「문묘대성전」·「동서양무」·「명륜당」·「동서 양재」의 제도를 갖고 있었으며, 교육활동 또한 성균관과 비슷하였다. 학생 정원은 태종 때에는 「부(府)」·「대도호부(大都護府)」·「목(牧)」은 각 50명이었고, 도호부(都護府) 40명, 군(郡) 30명 그리고 현(縣) 15명으로 규정되어 있었다.31) 성종 때 다시 그 정원을 증가시켜 「부」·「대도호부」·「목」은 각 90명, 도호부 70명, 군 50명 그리고 현 30명으로 고정되었다.32) 그리고 예외적으로 16세 이하의 동몽(童蒙)은 정원에 관계없이 입학을 허락하도록 규정했다. 향교의 교육과정은 『소학』과 사서오경 등을 위주로 하여 『근사록(近思錄)』과 제사 등을 그 대상으로 했으며, 입학 자격은 양반의 자제 또는 향리(鄕吏)로서 연령 16세 이상을 원칙으로 하였다. 서민 자제들에 대하여는 원칙적으로 그 길이 막힌 것은 아니었지만, 당시 서민 자제의 사회적 환경으로 보아 교육이 불가능하였으며 이것이 어느덧 시대가 흐름에 따라서 사회 관습으로 전통화되어버렸던 것이다.

교육활동을 살펴보면 이들은 일과(日課)를 학습하는데, 매월 마지

---

30) 『세종실록』 권116, 29년(1447) 5월 1일.

31) 『태종실록』 권11, 6년(1411) 6월 27일.

32) 『성종실록』 권51, 6년(1475) 정월.

막 날 각 군 수령은 그 결과를 관찰사에게 보고하였고 관찰사는 순행하여 이들을 직접 고감하고 성적을 치부하여 평가하였으며 때로는 일과와 일감을 의거하고 삼고하여 그 우수자들에 대하여 호역, 집집마다 하는 부역을 면하였다.[33] 이것은 이후 그대로 『경국대전』에 법률(法律)로서 고정되었다. 또한 향교 교육의 특성 중 하나는 분반독서로서 기타 추곡기(秋穀期)에는 학생들을 몇 개 조로 나누어 그 순번을 매겨 차례로 향교에 나가 독서하게 하였다.

---

[33] 『경국대전』 권3, 예전(禮典).

훈민정음과 교육

1. 훈민정음의 창제(創製)와 공적

여러 문화적 유산 중에서도 훈민정음의 창제는 민족 문화 역사상 가장 위대하고 획기적인 업적이다. 원래의 우리나라는 고유문자가 없어 한자와 한문을 빌려 썼고, 이두로 한문 해독과 표현의 편의를 추구했으나 역시 감점 사상의 표현은 유교적인 개념을 빌리는 수밖에 없었다. 더구나 유학은 양반에게만 독차지되어 일반 국민으로서 의사를 표현할 길은 없었다. 이리하여 세종은 모든 사람이 고루 익혀서 생활에 널리 사용할 수 있는 새로운 문자인 훈민정음의 창제에 뜻을 두어 궁중에 정음청을 두고 집현전 학자인 최항·박팽년·신숙주·성삼문 등으로 하여금 한문자의 음운(音韻)을 연구하게 하는 한편 당시 요동 지방에 유적되어 있던 명나라 한림학사 황찬(黃瓚)을 찾아 발음 표기법을 연구하게 하여 국문학 창제의 기초를 닦았다. 세종 25년(1443) 12월 드디어 모음 11자와 자음 17자로 된 도합 28자의 국문자를 지어서 이듬해에는 최항·박팽년·신숙주 등으로 하여금 운학(韻學)과 삼강행실(三綱行實)을 국문으로 번역하여 실제로 사용하게 하였다. 세종 27년에 『용비어천가』를 출간하게 하고 다음 해 9월 드디어 훈민정음(訓民正音)이라고 이름을 지어 정식으로 선포하였다. 이에 비로소 우리의 고유문자인 훈민정음이 세상에 나오게 되었다.

2. 고유한 성격

훈민정음의 성격을 한마디로 말한다면, 그것은 훈민정음의 서문 (序文)[34]에 잘 반영이 되어있다. 일반 백성들이 그 의사소통을 하고 싶은 바가 있어도 그 뜻을 능히 펴지 못하고 있는 교육의 맹점을 크게 염려하고 있으며, 따라서 세종대왕은 이와 같은 교육적 맹점을 지양하기 위하여 우리 실정에 맞는 쉽고 간편하며 새로운 국민적 문자를 만들어 일상생활에 보편적으로 사용할 수 있도록 하고자 하였다. 여기서 우리는 대왕의 민족의식과 애국정신을 알 수 있으며 결과적으로 훈민정음 창제의 근본 목적인「사람들로 하여금 쉬 익히어 날마다 쓰는데 편하게 할뿐이다.」에서 훈민정음의 교육적 성격을 알아볼 수 있는 것이다.

다음으로 꼭 생각할 것은 훈민정음의 과학적 성격이다. 첫째가 음성기관의 작용을 관찰하여 초(初)・중(中)・종성(終聲)으로 문자를 배열하고 있다는 점과 글자의 배열이 조직적으로 되었다는 점 그리고「일(一)자 일(一)음」・「일(一)음 일(一)자」의 원칙을 지키고 있다는 점 등을 생각할 수 있다. 그러나 무엇보다도 중요한 것은 그것이

---

34) 國之語音이 異乎中國하야 與文字로 不相流通한씌 故로 愚民이 有所欲言하야도 而終不得伸其情者ㅣ一多矣라 予爲此憫然하야 新制 二十八字하노니 欲使人人하로 易習하야 便할 於日用耳이니라.『세종실록』권113, 28년(1446) 9월 29일.

표음문자로서 겨우 28자에 불과하지만 어떠한 것이라도 표현을 할 수 있으며 또 극히 쉽게 배울 수 있다는 점이다. 그러므로 정인지(鄭麟趾)는 훈민정음의 끝부분 글에서 「전환무궁」은 「풍성학려(風聲鶴唳: 바람 소리와 학의 울음)」와 「계명구폐(鷄鳴狗吠: 닭 울고 개 짓는 소리)」까지도 표현할 수 있을 뿐만 아니라, 지식이 많은 사람은 하루아침에 다 깨우칠 수 있으며 비록 어리석은 사람이라도 10일이면 모두 깨우칠 수 있다고 하였다. 이로 보면 훈민정음이 얼마나 과학적으로 설계되어있는가를 알 수 있는 것이다.

3. 교육과 널리 퍼지게 함

세종 28년(1446) 반포된 훈민정음은 종래 사대주의 사상에 젖은 최만리(崔萬理)와 정창손(鄭昌孫) 등의 반대가 있었음에도 이후 계속하여 많은 새로운 서적이 편찬되고 또한 번역되기도 하였다. 국문 출판의 뒤를 이어서 명나라의 『홍무정운』을 번역하여 『동국정운(東國正韻)』이라 하고 『석보상절(釋譜詳節)』과 『월인천강지곡』 등 불가 서적의 국문 서적들도 나오게 되었으며, 또 세조 때는 간경도감(刊經都監)을 두어 『원각경언해(圓覺經諺解)』 등 많은 불교 관련 서적의 번역 또한 나오게 되었다.

다음은 훈민정음의 역사적 의미이다. 조선 사회에 있어서 위로는 양반 계급에서 아래로는 일반 서민 그리고 거의 부녀자들에 이르기까지 모든 백성이 훈민정음을 익혀 우리나라 고유의 문자에 의한 의사소통이 가능할 수 있게 되는 계기를 형성했다는 것과 이와 같은 조건을 전제로 활발하게 전개된 국문학의 발달에서 그 의미를 찾아야 할 것이다. 그런데 지금까지 우리나라 학자들의 연구에서 알려진 것처럼, 훈민정음이 학교교육에서 교육과정으로 선택되지 못했다는 것이 정설이라면 불행한 일이라 할 수 있다. 그러나 실제 조선시대의 기록에 의하면 특별히 기록할 수 있는 사실이 있다. 훈민정음이 선포된 몇 개월 뒤에는 잡과 중 이과(吏科)의 과목으로 훈민정음이 채택되어 비록 그 의리에는 통하지 않더라도 자(字)에 능히 합(合)한 자를 합격으로 하고 있다는 점,35) 또 다음 해 4월에는 전국의 이과는 먼저 훈민정음에 입격(入格)한 자에 한하여 다음 과목에 응시할 수 있는 자격을 주도록 규정하고 있다는 점이다.36) 이것으로 보면 훈민정음은 이과의 중요 과목으로서 나타나고 있는 것을 알 수 있으며, 따라서 이과(吏科)에 응시할 수 있는 일반적인 대상은 반드시 훈민정음을 공부하지 않을 수가 없었을 것이다.

또한 중요한 사실은 세조(世祖) 6년(1460)에는 과거에 강경과 아울러 훈민정음과 또한 훈민정음으로 번역된 『동국정운(東國正韻)』을 과목으로 채택하고 있으며37) 세조 10년(1464)에는 과거 과목으로 사서오경(四書五經) 외에 선택 과목으로서 『좌전』・『강목』・『송원절요』・『역대병요(歷代兵要)』와 더불어 『훈민정음』과 『동국정음(東國正音)』도 보인다.38) 이때부터는 문과에 응시할 수 있는 자격을 갖춘 사대부 계급들도 훈민정음을 공부하지 않을 수 없었을 것이다. 그러므로 비록 성균관・학당 또는 향교의 학교교육에서 공식적인

---

35) 『세종실록』 권114, 28년(1446) 12월 26일.
36) 『세종실록』 권116, 29년(1447) 4월 20일.
37) 『세조실록』 권20, 6년(1460) 5월 28일.
38) 『세조실록』 권34, 10년(1464) 9월 21일.

교육과정의 하나로서 훈민정음을 채택한 기록은 없지만, 앞에서 논술한 바와 같이 과목으로서의 훈민정음은 당시의 학교교육이 과거를 위한 일종의 준비교육 기관과 같은 성격을 지니고 있었다는 점을 생각하게 되고, 학교교육에서 부수적으로 이것을 다루는 교육이 있었음을 추정해 볼 수 있다.

제4절

조선 전기의 교육 사상과 사상가

1. 조선 전기의 교육 사상에 대한 역사적 접근

조선 전기는 고려 말기에 우리나라에 들어온 성리학을 정치 사회의 지배 윤리로서 재편성하는 시기이며, 따라서 지금까지의 우리 사회에 더없이 큰 영향을 주어왔던 불교에 대한 심각한 비판과 반성이 생기는 시기이다. 고려 말 불교의 퇴폐화는 참으로 심각하였다. 첫째, 사원은 봉건적 대지주의 성격을 가지어 거대한 재산을 축적하는 데 혈안이 되었고, 불사에 의한 국가재정의 곤란과 승려의 증가로 인한 노동력과 군비의 감소는 국가 안전에 크게 영향을 미치고 있었다고 볼 수 있다. 그뿐만 아니라 승려의 국정 참가는 그들의 세속화를 더욱 촉진했으며, 동시에 국정 참여를 위하여 학문을 닦은 유학자들의 반발이 이전의 갑절로 크게 일어났을 것이 분명하다. 이와 동시에 불교가 맡은 타락상이 보이니 기도 축원이 미신적 성격으로 전략하여 혹은 무격(巫覡)과 혼결(混結)되고 특히 음양(陰陽)·도참(圖讖)·기타 잡술(雜術)과 결부하여 많은 폐해를 주었다. 이러한 고려 말 불교의 타락상에 강력하게 반발한 학계는 주자학으로 마음을 닦은 유학자들로서, 그들은 불교의 폐해를 막기 위한 사회적 개혁을 요구하였다. 그들은 그것이 불교 사상 자체에 대한 비판으로까지 그 대상이 확대되어 고려 말의 일반적 사상을 척교(斥敎)로 일관하여 비판하고 있었다.

이러한 추세에 나타난 것이 바로 태조 이성계(李成桂)의 등장이다. 이 부분을 조선 왕조의 건국은 물론 정치·경제적인 측면으로 살펴볼 수 있겠다. 이것을 사상적인 범주 내에서 본다면, 고려 말 불교의 폐해로 인한 사회적 모순이다. 또한 타락한 불교 사상에 대한 폐단을 개선하고자 하는 일부 주자학자들에 의한 반란 행위로도 볼 수 있다. 이들에 의하여 독립된 사람이 바로 조선 왕조를 개창한 이성계이다. 이와 같은 사실로 볼 때 조선 사회는 그 건국에서부터 척불숭유(斥佛崇儒)를 사상적 기초로 한다는 것이 너무나도 당연했다.

2. 조선 전기의 교육 사상가

1) 정도전(鄭道傳: 1342-1398)의 교육관

삼봉 정도전은 새로운 왕조의 시급한 문제를 불교의 폐해에 따른 사회적 모순을 제거하고 주자학적 철학에 의한 정치 및 사회윤리 규범의 확립에 두었다. 그리고 고려 말 저술한 『심문천답(心問天答)』의 자매 편으로 태조 3년(1394)에 『삼봉집(三峯集)』 권10으로 「심기리편(心氣理篇)」을 저술했는데 이 글이 그의 이상을 보여주는 생각이라 할 수 있다.

이 책에서 그는 「석씨수심지지(釋氏修心之旨) 이비로씨(以非老氏)」라고 하여 부처의 「불심(佛心)」의 말이나 글의 중요한 뜻을 논하여 부처를 비난하는 한편 「노씨양기지법(老氏養氣之法) 이난석씨(以難釋氏)」라고 하여 노자의 양기(養氣)의 법을 논하여 부처를 비난하고, 마지막으로 「유가의리지정(儒家義理之正) 이효석노이씨(以曉釋老二氏)」라고 하여 유교의 의리(義理)가 옳음을 말하여 노자와 부처의 주장이 부적절함을 알아듣게 타일러 준 것이다.[39]

이상과 같은 그의 대불교관은 일찍부터 「천(天)·인(人)·성(性)·명(命)」의 연원을 발휘하여 공맹정주(公孟程朱)의 길을 열어 멀고 오랜 세월 부처의 잘못된 꼬임을 막아 삼한천고의 미혹(迷惑)을 열었다. 또 이단을 배척하고 사설을 종식시켜 천리를 밝히고 인심을 바르게 하였으니 우리 동방의 진유(眞儒), 즉 참되게 유도를 체득한 유학자는 단 한 사람 정도전뿐이라는 칭송을 들었다.[40]

이와 같이 정도전이 차지하는 한국교육사에서의 위치는 대단히 큰 것이다. 이 밖에도 그는 학자로서 많은 저서를 남기었다. 시문집으로 『삼봉시문집』 8편과 『국초군엽적』이 있고 유학서로는 『학자지남도(學者指南圖)』·『채집정씨역부오신문상』 등이 있으며 역사학에 있어서는 『고려국사』 37권의 책을 저술하였다. 후세 정인지의 고려사 테두리를 잡았고 군사학에서는 『오행진출기도(五行陣出奇圖)』·『강무도(講武圖)』·『팔진삼십육변도보(八陣三十六變圖譜)』 등 각 분야에 대한 그의 저술은 실로 방대하였다. 따라서 그의 학문의 계보를 평가할 때 강명(講明: 강구하여 밝힘)은 포은(圃隱) 정몽주와 같고 저술은 도은(陶隱) 이색과 같다는 말을 듣는 것이다.[41]

---

39) 정도전, 『삼봉집(三峯集)』 권10, 심기리편(心氣理篇).

40) 정도전, 『삼봉집(三峯集)』 권14 부록.

41) 정도전, 『삼봉집(三峯集)』 권14 부록.

이와 같이 정치가 및 학자로서 정도전은 고려 말과 조선 초기에 많은 활약을 하였고 또한 교육자로서의 면모도 있었다. 그는 성균관에서의 교관(敎官)으로 낙향했을 때 개인적으로 학당을 열었을 만큼 후학의 교육에 크게 관심을 가지고 있었다. 그의 교육활동을 살펴보면 일찍이 공민왕 15년(1366) 부모상을 맞아 낙향해서 이후 공민왕 19년(1370) 다시 관직에 복직할 때까지 5년 동안 영주(榮州)와 삼봉(三峯)에서 학당을 열어 후학을 교육했으며, 공민왕 19년(1370)에는 성균관 박사(成均館博士)를 제수받고 이색·김구용(金九容)·정몽주(鄭夢周)·박상진·박선중·이숭인 등과 더불어 성균관 생원 교수에 적극 노력하여 성리학에 대한 학문상의 경향을 높이고 이를 크게 일으켜 이후 학교교육에 있어서의 사상적 체계를 확립하는 데 크게 공을 세웠다.

그 이후 우왕(禑王) 원년(1374)에 다시 승진하여 「성균사예(成均司藝)·예문응교(藝文應敎)·지제교(知製敎)」가 되어 성균관 학생들에게 학문을 전수하는 한편, 경연(經筵: 어전에서 경서를 강론하는 자리)에 들어가 왕에게 대학을 논술하고 또한 정치에 대한 그의 소신을 논할 수 있게 되었다. 그러나 우왕 3년(1377) 사대외교 문제에 대한 시중(侍中) 이인임(李仁任) 등과의 대립으로 다시 벼슬을 버리고 영주로 와 그곳에서 4년을 지낸 후 비로소 「경외종편(京外從便)」이 허락되어 삼각산 밑에 삼봉재(三峯齋)를 짓고(1381) 부모의 상을 당했을 때와 같이 학문 연구와 후학 교육에 힘을 쓴다. 이로 인해 여러 곳 주위에서 많은 학자가 모여들었다. 그러자 이에 문제를 제기하는 사람들이 등장하여 그는 학당을 김포로 옮기고 후학을 교육하게 되었다.[42]

---

42) 정도전, 『삼봉집(三峯集)』 권14 부록.

이와 같은 그의 교육 의지는 마침내 우왕 11년(1385)에 중앙으로부터 성균좨주(成均祭酒)를 제수받고 계속하여「성균관 대사성(大司成)」을 제수받아서 성균관 학도들에 대한 교육을 담당하게 되었다. 직접적인 가르침을 배우게 하는 교학의 담당자라기보다는 정치 실무가로서의 역할이 그에게 더 중요했지만, 주자학의 사상적 체계를 통한 철학적 기초로, 조선 사회를 재편하려 했던 그의 노력은 그가 했던 직접적인 교육활동보다 높이 평가해야 할 것이다.

그리고 조선시대에 들어와 태조 7년(1398)에도「화산군(花山君) 권근(權近)」과 더불어 성균관의 제조(提調)가 되어 4품 이하의 유사(儒士)들을 모아 경사를 강습하였다.[43] 그의 교육활동의 대요(大要)는 첫째, 그는 후학을 교육할 때 항상 이단(異端)을 물리치는 것이 임무라 생각하여 그의 문하생들에게도 이단을 물리치고 유학을 익혀 이치(理致)에 대한 불변의 법칙을 따르며 학문을 닦을 것을 강조했다. 둘째로 그는 학교는 교화의 본원으로 인륜, 떳떳한 사람으로의 도리를 밝히는 것이 정치의 득실과 직접 연결된다고 보았다. 마지막으로 그는 교육적 활동과 관계되는 지배자로서의 교양을 덕(德)에다가 두고 학교교육에서 우선 재(才)를 닦기 전에 덕(德)을 쌓아 연후에 재(才)를 쌓을 것을 주장하였다. 그에 따르면 덕은 본(本)이요, 재는 말(末)이다. 덕에 장(長)하고 재에 단(短)하는 자 오히려 사람을 선(善)하게 다스리는 것을 잃지 않는다. 재에 우(優)하고 덕에 렬(劣)하면 혹리(酷吏)를 면치 못한다. 오늘날의 경향은 사람들이 먼저 재를 다스리고 다음에 덕을 두니 고로 관리가 된 자는 흔히「백

---

43)『삼봉집(三峯集)』권14 부록.

성들에게 은혜를 베푸는 것을 염원[이혜민위념(以惠民爲念)]」하지 않고 오로지 공리(功利)에만 급하다. 이렇듯 그는 「백성들은 덕을 보지 못하면 오히려 그 병은 받을 수 있다」[44]라고 하여 재에 앞서는 덕을 중요시하고 있다. 따라서 그는 모든 학문은 그 전제 조건으로서 덕에 바탕을 두어야 하며 그 연후에야 비로소 학문의 이치를 터득할 수 있는 것이라고 보았다.

2) 권근(權近: 1352-1409)의 교육관

권근은 건국 초기의 정치가로서 정도전과 같이 국가의 주춧돌을 확립하는 데 더없이 큰 역할을 했다. 또한 학자로서 문집 외에 『입학도설(入學圖說)』·『역시서춘추천견록(易詩書春秋淺見錄)』·『예기천견록(禮記淺見錄)』·『동국사략(東國史略)』·『오경구결(五經口訣)』 등의 저술을 발표하였으며 그 가운데에서도 『입학도설』은 조선 유학 도설 가운데 뛰어난 것으로 초학의 입문서이자 학자의 교학 지침서로 크게 환영을 받았다. 후일 국내에서 수차 발간되었을 뿐만 아니라 멀리 일본에서도 두 차례의 각본을 내어 후학에 많은 영향을 미쳤다.[45]

양촌 권근은 그의 철학 사상을 바탕으로 어떻게 교육철학을 형성하였나? 그의 사상을 집대성한 것이 바로 『입학도설』이다. 이 책은 그가 일찍이 귀양살이할 때 뒤에 난 사람을 교회하다가 이해를 잘 하지 못하는 것을 보고 이를 위하여 학습지도 방법의 한 방편으로

---

44) 정도전, 『삼봉집(三峯集)』 권14 부록.

45) 이병도, 『조선유학사초고(朝鮮儒學史草稿)』, 1959.

유교 철학을 도해(圖解)식으로 저술한 것으로서 어디까지나 저술의 목적은 교학에 있었다. 『입학도설』은 「천인심성합일지도(天人心性合一之圖)」·「대학지장지도(大學指掌之圖)」·「오경체용합일지도(五經體用合一之圖)」·「오경각분체용지도(五經各分體用之圖)」 등 전후 35가지 그림으로 되어있다. 그중에서도 천인심성합일지도는 그의 교육 철학 사상을 반영해주고 있는 것으로 그의 사상인 사단(四端)·칠정(七情)[46]을 교육 사상으로 재편한 것이다. 그는 여기서 유교의 근본 사상인 천인합일의 관념에 착안하여 천(天)·인(人)·심(心)·성(性)의 네 글자를 사용해서 그림을 그리고[47] 설명하였다. 그는 교육 목적에서 모든 사람은 교육에 의하여 기질을 변화시켜 성인으로 향할 수 있다는 교육적 기능성을 인정하였다. 이와 같은 목적을 위한 수양의 방법으로 존양과 성찰을 가장 중요시했던 것이다.

그는 「인재란 국가의 명맥(命脈)이고 학문은 인재의 원기이므로 이 원기를 배양하는 데서 인재가 성하여지고 임금의 덕화와 세도세상의 도의와 아름답게 만들고 향상하게 된다」[48]라고 하여 교육을 국가 동맥(動脈)으로 중요시했으며, 따라서 학교교육의 원활한 발전을 위하여 태종에게 향학사목(鄕學事目)을 올리어 「전조외방한양유관(前朝外方閑良儒官)」에 의한 사설교육의 장려를 주장하여 지금부터 재외유관으로 서제를 사설하고 교육하는 자는 강제로 타학의 교수로 삼지 말며 그 생도들도 강제로 향학에 입학시키지 말 것이며 감찰사와 수령은 오히려 이들에게 권면을 더하고 각각 안거하며 강

---

46) 칠정이란 희(喜)·노(怒)·애(哀)·구(懼)·애(愛)·오(惡)·욕(欲)을 가르킨다. 『주자어류』 권87, 예4 예운(禮運).

47) 권근, 『입학도설(入學圖說)』.

48) 권근, 『양촌집(陽村集)』 권12, 연안부(延安府) 향교기(鄕校記).

학함으로써 풍화(風化: 교육과 정치의 힘으로 풍습을 잘 교화시킴)
할 것을 주장하였다.49) 고려 말 왕조의 몰락에 은둔하여 선산에서
후학을 담당한 길제 역시 일찍이 양촌의 문하로 있었다. 조선 왕조
에 있어서 양촌의 교육적인 업적은 길제의 학동과 나란히 크게 빛나
며 그의 문하를 거쳐나간 사람들에 의하여 전수된 사상은 이후 조선
교육사에 많은 영향을 끼쳤다.

---

49) 『태종실록』 권13, 7년(1407) 3월 24일.

제5절

조선 중기(1494-1724)의 교육

1. 교육사에서 본 특징

1) 학파의 대립으로 인한 선비의 분쟁

조선 중기의 교육은 중종에서 경종까지로서 전기에 역대 제왕의 적극적인 숭유정책은 학문과 예술이 크게 일어나는 시기로 특히 세종 때는 그 형세가 절정에 도달하고, 세조와 성종에 이르러서는 모든 제도를 완비하게 되었다. 그렇지만 건국 이래 신왕조에 대한 감정적 혹은 사상적 대립과 세조의 찬위에 따르는 여러 문제점은 학자 상호간의 감정적 사상적 대립을 가져와 조선 사회의 분당적 요소를 내포할 요인이 되는 학파를 발생시키었다. 훈구(勳舊)・청담(淸談)・절의(節義)・사림(士林) 등으로 대표되는 사대학파가 바로 그것이다.

① 「훈구파」는 조선건국 초 개국공신의 후예와 세조의 찬위에 협조한 전통적인 귀족 무리로서 일찍부터 거의 모든 정치적 실권이 있어 조선 초기의 정치적 질서 확립에 더없이 큰 공적을 남겼다.

② 「절의파」는 세조의 패륜적 찬탈 행위에 분개하였거나 단종의 복위를 꾀하다가 희생당하였거나 불사이군(不事二君)을 주장하여 세

조 시기에 출사하지 않은 자들을 가리키는 것으로 성삼문(成三問)·박팽년(朴彭年)·하위지(河緯地)·이개(李塏)·유응부(兪應孚)·유성원(柳誠源) 등의 「사육신(死六臣)」과 김시습(金時習)·권절(權節)·원호(元昊)·이맹전(李孟專)·조려(趙旅)·성담수(成聃壽) 등의 「생육신(生六臣)」이 여기에 속한다.

③ 「청담파」는 중국의 죽림칠현(竹林七賢)[50]을 모방하여 시속정사(時俗政事)에 뜻을 두지 않고 흔히 동대문 밖 죽림간에서 고담준론(高談峻論)으로 작은 일거리들을 하던 일련의 학자들이었다. 대표적인 인물로 남효온(南孝溫)과 홍유손(洪裕孫) 등이 있다.

④ 「사림파」는 고려 말에서 조선 초의 학자들로서 조선 왕조에 사관하지 않고 영남 선산에서 오로지 교육에만 전념하던 길재(吉再)의 학통을 이어받은 학자들로서 김종직(金宗直)을 중심으로 하여 김굉필(金宏弼)과 정여창(鄭汝昌) 등이 이에 속한 인물들이었다.

이들 중 가장 날카로운 대립을 보인 파벌은 훈구파와 사림파였으며 청담파와 절의파는 현실 정권에서 이탈하여 하나의 세력을 형성하지 못했다. 그런데 이들 훈구파와 사림파는 그 학통에서 권근과 길제의 대립을 보이며 훈구파는 주로 사장(詞章: 시가와 문장)에 힘쓴반면, 사림파는 성리학(性理學)을 중심으로 하고 있었다. 훈구파는 조선 왕조의 성립 기반과 세조의 왕위 찬탈을 기정사실로 인정하고 있던 것에 반하여, 사림파는 비록 조선 왕조의 성립은 기정사실로 인정한다고 하더라도 세조의 왕위 찬탈은 김종직의 조의문(弔意文)에서 보는 바와 같이 「초 패왕(覇王)의 의제(義帝) 살해」에 비유하며 인정

---

50) 진나라 초에 노장허무(老壯虛無)의 학문을 수양한 왕적, 혜강, 산도, 향수, 유령, 왕윤, 왕함 등은 늘 죽림에서 공부하였다고 한다.

하지 않았던 것이다. 이러한 대립으로 이른바 사색당파가 생기게 되었고 결국은 조선 중기에 당쟁이 발생하게 되었다. 또한 사류(士類), 즉 학덕이 높은 선비의 무리가 분열을 더욱 재촉하여 정치에 있어서 큰 병폐를 가져와 중립을 지켜야 할 학교교육에도 큰 폐단을 가져왔음은 물론 국민 생활의 파탄을 초래하였고, 당쟁으로 인한 국방력의 감퇴는 이후 조선 사회에 있어 임진왜란과 병자호란이라는 민족적 시련을 가져왔다. 이후 조선 사회의 자주성을 상실당했으며, 피지배 국가로서의 운명도 그 밑바탕이 여기에서 마련되었다.

2) 연산군(燕山君)의 파괴적 교육정책

연산군은 성종으로부터 사약을 받아 자결하게 된 폐비(廢妃) 윤씨의 아들로서 주색에 빠져 어릴 때부터 그 성품에 있어 많은 문제점을 갖고 있었다. 그의 이러한 성격은 즉위한 이후에도 계속되어 정치에 그대로 반영되었다. 따라서 두 차례에 걸친 사화(士禍)로서 유생들을 탄압하고 문신의 직간(直諫)을 기피하여 경연과 대제학(大提學)을 폐지하였다. 원각사(圓覺寺)를 폐쇄하여 연방원(聯芳院)으로 그 이름을 바꾸고 기녀들을 집거(集居)하게 하였으며 또한 전국의 미녀를 뽑아 올리게 하였다. 이러하듯이 인륜을 폐한 행위는 학교교육과 정책에도 서슴없이 나타났다.

(1) 종학(宗學)의 폐지와 유생 탄압

연산군 11년(1505) 12월에 종친들의 교육을 위한 종학을 폐지하고,[51] 12년(1506) 정월에는 사포서(司圃署)를 중부학당에 옮겼으며,[52] 같은 해 4월에는 동부학당의 철거를 명령하였다.[53]

연산군의 실정에 가장 비판적이었던 사람은 신진기예(新進氣銳)의 유생들로서 그들이 연산군의 정치에 대하여 유교적 도덕과 성인군자 정치의 변을 들어 반기를 들었음은 지극히 당연하다. 그러한 이유로 연산군은 이들의 언로를 탄압하였다. 또한 그들의 동태를 항상 감독함으로써 이에 보복하였다. 다음은 유생 및 사역으로 연산군은「유생도 역시 군주를 섬기는 사람이다」라고 하여 유생을 축장(築墻: 담을 쌓는 일)에 동원시켰고, 이를 거부하고 이행자하지 않는 자는 엄하게 벌을 주도록 규정하였다.[54] 이로 인해 유생들의 학습 능력과 사기가 크게 저하되었음은 분명한 사실일 것이다.

(2) 교육과정에서 경학의 폐지

당시 왕이 문신을 베어 죽이고 혹은 귀양 보내 내쫓아 거의 다한 뒤에, 또 글 읽으며 사귀어 노는 것을 금하여 엄한 법으로 다스리되, 죄가 그 어버이에게까지 미치므로, 사대부 집에서는 시서(詩書)를 꺼려 그 자손들에게 배우지 못하도록 경계하게까지 되었다.[55] 따라서 과거시험의 과목도 오로지 율(律)과 시(詩)에만 중점을 두었으며 이

---

51)『연산군일기』권60, 11년(1505) 11월 15일.
52)『연산군일기』권61, 12년(1506) 정월 22일.
53)『연산군일기』권62, 12년(1506) 4월 24일.
54)『연산군일기』권63, 12년(1506) 9월 2일.
55)『연산군일기』권53, 10년(1504) 5월 18일.

규정을 어기는 자는 엄벌에 처하도록 하였다. 연산군 10년(1504) 과거 시험에서 유학(幼學: 벼슬하지 않던 유생)이었던 안우방과 안극종이 율시를 짓지 않고 고풍(古風)을 지었으며, 「당명황사(唐明皇事)」의 예를 들어 시정(時政)을 비방했다는 이유로 벌을 당한 것은[56] 그 대표적인 사례이다. 이와 같은 연산군의 교학정책에 따라 학교교육의 질서가 크게 무너지며, 뜻있는 학자들은 산과 들로 은거하며 학문을 닦게 되었다. 사회적으로도 유학에 대한 관념이 변화하여, 부모들은 자제들로 하여금 학을 배우지 못하게 하고, 혼인에 있어서도 선비는 선택하지 않는 풍조가 생겨나게 되었다.[57] 당시의 학교는 거의 공관(空官)을 이루게 되어, 문교가 땅에 떨어지니, 그야말로 교육의 암흑시대라고 할 수 있을 것이다.

2. 중종(中宗)의 학교교육의 부활

1) 중종의 교육정책

연산군 12년(1506) 폭정이 마침내 반정을 가져와, 새로 중종이 즉위하니 이것이 곧 중종반정(中宗反正)이다. 중종은 즉위하여 연산군의 모든 잘못된 정치를 시정하기 위하여 홍문관(弘文館)과 경연(經筵)을 부활시키는 등 정치기강의 확립을 위해 많은 노력을 기울였다. 이와 병행하여 중종은 교육의 암흑상을 개정하고자 적극적인 「교학부흥 운동」을 실시하게 되었다. 중종의 교육시설에 대하여 살펴보면

---

56) 『연산군일기』 권56, 10년(1504) 11월 22일.
57) 『중종실록』 권7, 3년(1508) 10월 10일.

다음과 같다.

(1) 학교교육 시설의 부활

중종은 즉위 원년(1506) 10월, 공평한 인물 신세호(辛世瑚)의「성균관을 수리하여 학교 기강을 확립하자」라는 상소를 받아들이고[58] 또 9월에는 사부학당(四部學堂)을 수리복구하게 하였으며,[59] 다음해 2월 4일에는 종친들의 교육기관인 종학도 부활시켰다.[60]

(2) 학령(學令)에 의한 교학 부흥

중종의「교학부흥정책」은 당시의 실록에 나타나는 것으로, 중종 즉위 원년 10월,「홍문관 부제학(副提學) 이윤(李胤)」및 그 외의 사람들이 올린「시정(時政) 13조」[61] 중 대부분이 학교교육과 관계가 있는 것은 주목할 만하다. 그러나 시정 13조의 내용이 당시에는 중요한 덕목이었으나 현대교육에서는 이해하기 어려운 것이라 약술한다.「① 정심(正心)·② 입지(立志)·③ 근성학(勤聖學)·④ 종간(從諫)·⑤ 엄내외(嚴內外)·⑥ 중작상(重爵賞)·⑦ 흥학교(興學校)·⑧ 상절의(尙節義)·⑨ 정사습(正士習)·⑩ 벽이단(闢異端)·⑪ 숭검약(崇儉約)·⑫ 친군자(親君子)·⑬ 원첨녕(遠諂佞)」과 같은 조항은 연산군 때 해이해진 정치기강의 확립을 위한 가장 시급한 정치 문제였다. 불법적인 것들 또한 학교교육이 당면한 가장 심각한 문제였던 것이다. 그리고 즉위 원년(1506) 12월, 성균관 유생들에게「강론」이나「제술」을 매일 10회 권

---

58)『중종실록』권1, 원년(1506) 10월 5일.

59)『중종실록』권1, 원년(1506) 9월 3일; 동년 12월 4일.

60)『중종실록』권2, 2년(1507) 4월 16일.

61)『중종실록』권1, 원년(1506) 10월 25일.

하게 하는 「숭학절목(崇學節目)」이 생기고,[62] 중종 3년(1508) 2월에는
홍문관에 월과제·춘추과시제·시가독서제 등 경학의 부흥을 포함한
문신권학조목이 생기게 되었다. 이 밖에도 중종 29년(1534) 「권학절목
(勸學節目)」과 30년(1535)의 「권학조례(勸學條例)」 또한, 중종 때 권학
을 위한 학교법칙의 총결산으로서 중요한 의미가 있으며, 따라서 이것
은 다음에 다시 소개한다.

(3) 경학(經學)의 부활

중종 즉위 원년(1506) 12월, 이전의 연산군 시절의 교학이 사운율
시(四韻律詩)에 치중하여 유생이 오로지 근본을 닦지 않고 쓸모없는
재주만을 닦았던 사습불미(士習不美)를 개혁하기 위하여 교육과정으
로서의 강경(講經), 즉 과거의 강경과를 보기 위해 경서 중의 몇 가
지를 강송하는 방법을 역설하고 있어 앞으로의 별시(別試)에는 사서
오경 중에서 시험을 보아 인재를 뽑은 방법으로 규정하였다.[63]

(4) 과거의 특전 부활

별시와 정시를 자주 실시하여 유생들의 관료 진출에 대한 특전을
보인다. 또 학교교육에서 우수한 자는 식년과거(式年科擧)에서 2차
시험인 회시에 직접 나갈 수 있는 직부회시(直赴會試)의 특전을 주
거나, 더 나아가서는 3차 시험인 전시에 곧바로 응시할 수 있는 직
부전시(直赴殿試)의 특전을 주고 있다. 중종 2년(1507) 6월 사부학
당 유생 김대유 외 3명이 직부진사복시의 특전을 받았으며,[64] 이보

---

62) 『중종실록』 권1, 원년(1506) 12월 2일.
63) 『중종실록』 권1, 원년(1506) 12월 20일.

다 앞서 5월의 정시의 거수자(居首者) 생원 한승형은 직부전시의 특전을 받았다.[65] 학교윤차지제(學校輪次之制)가 학교 권학의 한 방법으로 나타났다. 중종 2년 4월에 성균관과 사학에 윤차하여 학생들이 권면하고 있었으며, 중종 15년(1520)에는 직접 성균관을 방문하여 권학을 장려하려는 제도를 법제화할 것을 명하였다.[66]

이와 같이 중종은 본래의 정교일치 학문으로서의 유교를 바르게 세우는 풍조를 진척시키기 위하여 연산군의 시기에 간신으로 화란을 일으킨 사람들의 가슴에 맺힌 원한을 풀어주는 한편, 사유와 학덕이 높은 선비들을 등용함으로써 자본주의와 자치주의를 목표로 한 왕도정치를 실천하고자 새로이 조광조(趙光祖)와 김식(金湜) 등의 신진사류를 등용하고 향약의 실시와 현량과 등을 개혁하는 정치 및 교육의 변화를 도모했던 것이다. 이와 같은 교육사적 문제는 여러 실록에 많은 자료가 있으나, 이 책은 개론서이기 때문에 여기까지만 논한다.

---

64) 『중종실록』 권2, 2년(1507) 6월 2일.
65) 『중종실록』 권2, 2년(1507) 5월 26일.
66) 『중종실록』 권41, 15년(1520) 11월 1일.

3. 조선 중기의 교육 사상

이 시대의 교육 사상적 특색은 건국 초기의 이단에 대한 주자학적 사회질서 확립을 위한 유학의 이론적 단계에서 벗어나, 조선 사회의 정치적 이념으로서 유학 사상의 실현을 위한 실천적 단계로 들어가는 시기란 점이다. 또 유학 사상의 활발한 연구는 인간 심성의 문제로까지 확대되며, 특히 정암(靜庵) 조광조(趙光祖: 1482-1519), 화담(花潭) 서경덕(徐敬德: 1489-1546), 퇴계 이황(李滉: 1501-1570), 율곡(栗谷) 이이(李珥: 1537-1584)와 같은 이름 난 유학자가 나타나서 조선 유학 사상 최대의 황금기를 이루었다. 또한 실천철학으로서의 예(禮)에 대한 연구는 이 시대 후기를 특정 짓는 사상으로 나타난다.

이 시기에 있어서 유학 사상의 발달 단계는 그 사상의 체계에 따라 3단계로 구분할 수 있다. 첫째로 유교를 정치와 교화의 근본으로 삼아 3대의 왕도정치를 실현하겠다는 중종, 조광조 등 신진도학자에 의한 철학 사상이 그것이다. 둘째는 성리학에 의한 유학 사상의 발달이다. 인간 심성과 우주의 법칙에 대한 철학 사상의 발달이다. 특히 서화담·이이·이황과 같은 학자들에 의한 철학 사상이 이를 대표한다. 셋째는 예학(禮學)에 의한 유학 사상이다. 정술·김방생·김집 등에 의한 철학 사상이 이를 대표한다. 이제 이 시기의 교육 사상가들을 개괄적으로 살펴보기로 한다.

1) 조광조(趙光祖: 1482-1519)의 교육관

그의 교육 사상은 도학의 근본정신에 있다. 그는 「요즘의 학술은 심히 파괴되고 성균관 유생 중에 뜻을 어기는 자가 대단히 많다. 그리고 인재라 할 만한 자를 볼 수 없다. 이것은 큰 걱정이라 아니할 수 없다」라고 하였으며 또 「학문은 장구문사(章句文辭)만이 아니다. 사물의 사리를 알고 마땅하게 처사할 줄을 아는 것이 학이므로 조절에 있으며 임금을 바르게 하고 모든 지방에 있으며 교화를 베풀어 가는 곳마다 학으로 하지 않는 곳이 없어야 한다」라고 하였다. 특히 그는 소학과 향약(鄕約)을 인재를 양성하고 풍속을 변화하게 하는 근원으로 삼았으며 송나라 주희와 여조겸이 편찬한 14권의 『근사록(近思錄)』과 명나라의 호광 외 몇 사람이 영락재의 칙명을 받들어 송나라의 도학자인 주자와 장자 등 120명의 학설을 모아 편찬한 『성리대전(性理大全)』을 이학지침으로 삼았으며, 이것으로 일시 선비의 풍습이 크게 변하게 되었다.[67]

조광조는 교육의 쇄신과 그 방법으로 첫째는 사우지도(師友之道), 즉 스승으로 삼아 따르는 것의 확립을 주장하였다. 그는 연산 이래 사우의 도가 쇠퇴했음을 말하고 「무릇 사우의 도가 있은 연후에야 비로소 인륜을 밝힐 수 있다」라고 하였다. 임금도 당시의 가장 현명한 사람으로 스승을 삼고 그 다음 사람으로는 벗을 삼아 존예(尊禮)로서 대하는 것이 옳다고 하였다.[68] 둘째는 사습(士習), 즉 선비의 풍습은 아주 새로워져야 함을 주장하여 말하기를 「천하와 국가를 다스리는 자로 하여금 모두 학술로서 귀함을 알게 하면 사습은 바르게 될 것이다. 따라서 나라의 형편과 세력은 당당하여 비록 위태로운 일을 당하더라도 스스로 올바른 마음을 가져서 소인과 더불어 살지 않고 이를 잘 해결할 것이다」[69]라고 하여 학문이 사습의 정화와 행

---

67) 이병도, 『자료 한국유학사 초고』, 1959. p.61.
68) 『중종실록』 권27, 12년(1517) 2월 19일.

위의 주체인 스스로 올바른 마음을 확립하는 데 가장 기본인 것을 강조하였다. 학습 방법에 있어서는 자세히 살펴 읽고 중요성을 인식하며, 「일장일구라도 모두 깊은 이치가 있으니 능히 그 요구를 얻는다면 착한 정치로 백성을 다스려 이끄는 것」[70]이라고 하였다. 그러한 사상을 몸과 마음에 지닌 그는 평소 학자가 먼저 힘쓰는 것은 사람이 지킬 바른 도리를 분명하게 하는 것이라 주장하였다. 사욕의 싹은 다 이익에서 나오는 것이니, 먼저 이익의 근원을 빼버린 후에야 학문을 편안히 할 수 있는 것이라고 평소에 강조하였다.

2) 이황(李滉: 1501-1570)의 교육관

이황은 항상 정계에서 물러나서 학문에 몰두하였고, 후학을 교육하는 것을 그의 사명으로 삼았다. 이황은 학문적 근본으로 지행(知行)의 상자호진을 주장하여 성(誠)을 기본으로 삼았고, 전 생애를 통하여 경(敬)을 실천하는 데에 두었다. 그는 항상 조광조의 학문적 태도를 칭찬하여 「그는 『소학』과 『근사록』을 독실하게 믿고 숭상하는 동시에 처신을 엄연하고 숙연히 하여 의관과 동작이 법도에 어긋남이 조금도 없고 언행에 있어 언제나 고인의 교훈대로 하였다. 이는 바로 경을 가지는 방법이다」[71]라고 하였으며, 이언적(李彦迪)에 대해서도 「자옥산의 한 방에 단정히 앉아 정적한 가운데 성리에 마음을 가라앉혀 깊이 생각하니 고명한 경지에 이르러 천지 만물의 묘학을 즐겼다. 그가 홍문관에서 벼슬을 할 때에도 동료들에게 종일토록

---

69) 『중종실록』 권27, 12년(1517) 2월 20일.

70) 『중종실록』 권34, 13년(1518) 8월 4일.

71) 이황, 『퇴계문집』 언행록(言行錄).

말을 건네지 않았음은 경(敬)의 공부가 깊었던 까닭이다」[72]라고 하
여 학문 연구의 방법에 있어서 경을 가장 중요시하였다.

그의 학문적 태도는 여기에 그치지 아니하고 서경덕(徐敬德)의
「주기론」과 「이기합일론」에 대하여 「비리기일물변증(非理非氣物辨證)」
을 지었다. 명왕(明王) 수인(守仁)의 「지행합일론」에 대하여는 「양명
전습록변(陽明傳習錄辨)」을 짓고, 또 이구(李球)의 「심무체용론(心無
體用論)」에 대하여는 「심무체용변(心無體用辨)」을 지어서 각각 이를
논박(論駁)하였다. 그의 저서로는 문집에 수록된 것과 『계몽전의(啓蒙
傳疑)』·『주자서절요(朱子書節要)』·『송계명리학통론(宋季明理學通
論)』·『심경석의(心經釋疑)』·『칠서석의(七書釋疑)』 등이 있어 후학에
게 영행을 끼친 바가 적지 않고, 그중에서 『천명도설(天命圖說)』·『자성
록(自省錄)』·『주자서절요(朱子書節要)』·『퇴계문집(退溪文集)』 등은 일
본에도 흘러 전해지게 되어 일본 유학계에 지대한 영향을 미쳤으며,
마침내 명치시대 교육이념의 기본 정신을 형성하는 데에 이르렀던
것이다.[73]

이황의 교육 사상을 한마디로 말하면 「성현(聖賢)의 도(道)를 배
움으로써 기질(氣質)을 변화시키는 것」이었다. 따라서 사람을 교회
(敎誨)하는 부분에 있어서 항상 붕우(朋友)와 같이 대하고 스스로
스승을 자처하지 않았으며, 자신이 배우기를 싫어하지 않았다. 그의
『언행록(言行錄)』 「교인편(敎人篇)」에서 논술한 교육 사상을 아래에
서 살펴볼 것이다.

---

72) 이황, 『퇴계문집』 언행록(言行錄).
73) 이병도, 『자료 한국유학사 초고』, 1959, p.94.

(1) 후학을 교회(教誨)하되 불염과 불권을 하고 붕우처럼 대하여 끝까지 사도를 자처하지 않았으며 선비로서 멀리서부터 와서 질의하고 강론을 청하면 깊고 얕음을 따라 설명하고 만약 깨닫지 못하면 반복 설명하여 계발(啓發)하고야 말았다.

(2) 학문의 연구 방법에 있어 먼저 유(儒)를 알고 후에 학(學)을 닦을 것을 강조하였다. 일찍이 이덕홍(李德弘)이 처음 학에 뜻을 두어 계몽을 읽고자 했을 때, 선생은「그대는 먼저 사서를 읽어라. 이것은 급한 바가 아니다」라고 하였으며 또 계몽서가 적합하지 않은 이유에 대해「학자는 무엇보다도 학을 하는 것에 앞서서 선대의 유학자들을 알지 않으면 안 된다」라고 하였다.

(3) 덕(德)을 알고 행할 것을 강조하였다. 그는 요사이 학자들은 마음으로 얻어 몸으로 행하지 않고 오로지 허구만 꾸며서 밖으로 명예만 구하니 한심스럽다고 하여 학자는 마땅히 덕을 쌓은 연후에 그것을 실천해야 한다고 강조하였다.

(4) 학문은 오로지 독서에만 전적으로 구하지 말고 마땅히 유력하면서 견문을 넓혀야 하며, 혹여 의리에 불가한 것이 있으면 사우를 얻어 부족한 것을 연마해야 한다고 하였다.

(5) 도(道)란 각자에게 있으니, 사람들은 마땅히 스스로를 살펴서 거기에서 도를 찾아야 한다고 보았다.

(6) 학문을 하는 데는 먼저 뜻을 세움이 있어야 하고 또한 이것을 본보기로 삼아야 한다고 하였다. 그는 일찍이 김효원이 경차관(敬差官)으로서 선생을 뵙고 학의 도를 물었을 때 선생은 입지(立志)가 가장 중요하다고 말했다.

(7) 사람을 가르치는 부분에 있어서는 공손히 해야 하며 반드시

충신(忠信)·독실(篤實)·겸허(謙虛)가 수반되어야 한다고 말하였다.

(8) 기질을 변화시키는 가장 중요한 요소는 『논어』의 내용 중 주(主)·충(忠)·신(信)의 3자이니, 그 내용에 포함된 뜻 외에도 모든 학자가 마땅히 알아서 힘써야 한다고 하였다.

(9) 성현(聖賢)을 믿을 것을 강조했다. 선생이 일찍이 말하기를, 고인은 스스로를 믿지 않고 그 스승을 믿었는데, 요사이에는 믿고 따를 스승이 없으니 오로지 성현의 말을 믿어야 한다. 성현은 반드시 사람을 속이지 않는다.

위의 내용이 이황의 교육 사상이다. 그는 더불어 『주자대전』을 가장 중요시하여 모든 학자가 반드시 읽어야 할 입문서라고 하였으며,74) 학문하는 사람들은 이 책을 읽으면 학문하는 방법을 배우게 될 것이라고 말했다.

3) 이이(李珥: 1537-1584)의 교육관

율곡은 퇴계와 같이 관직에 나아가기보다는 자연에서 은거하여 후학을 교육하고 학문을 닦을 것을 권했다. 그러나 관에 있을 때나 바깥에 있을 때나 항상 국가의 안위에 대하여 근심하였고 후학의 교육과 풍속 교화에 많은 관심을 가지고 있었으며, 이것을 그의 사명으로 삼았다. 그가 34세 때 동호의 독서당에 있을 당시, 왕도정치의 현실을 위하여 왕에게 「동호문답 10조」를 제술하였으며 36세 6월에는 정주목사(定州牧使)가 되어 부임한 후 풍속의 교정을 위하여 서

---

74) 이황, 『퇴계문집』 언행록(言行錄).

원향악을 만들었고 39세 정월 승정원우부승지(承政院右副承旨)로 있을 때는 만언봉사(萬言封事)를 올려 당시의 잘못된 폐단을 지적하였다. 40세에는 왕명에 의하여 사서소주를 책정하였고 9월에는 『성학집요(聖學輯要)』를 집필하였다. 47세 7월에는 『인심도심설(人心道心說)』을 저술하였으며 『학교모범(學校模範)』과 『학교사목』을 제진하였다. 병조판서가 된 12월에는 시무팔조를 올려 서쪽으로 가는 길의 민폐를 개혁할 것을 왕에게 사실대로 알렸으며, 양병십만(養兵十萬)하여 만일의 경우 즉 뜻밖에 생각지 아니하던 판에 대비할 것을 주장하였다. 그는 만년 국가를 위한 그의 시정이 간신들에 의하여 농간(弄奸)되었을 때 정치의 무상을 깨닫고 혼연히 관직에서 물러났다.

그는 선조 17년(1584) 세상을 떠나니 향년 49세였다. 인조 2년 문성공의 시호를 받고 숙종 8년 문묘(文廟)에 배향(配享)되었다. 그의 철학 사상의 기초가 된 것은 기발이승일도설(氣發理乘一途說)로서, 그는 이기(理氣)는 결코 일물(一物)이 아니며, 그리하여 이는 조리(條理), 즉 당연의 법칙이니 우주의 체(體)요, 기(氣)는 그 조리를 구체화하는 활동 또는 형질이니 우주의 용(用)이 되며, 따라서 활동과 작위는 오직 기에 국한된 속성이라고 하였다. 퇴계의 이기호발설에 반대하여 「무릇 발생하는 것이 기운으로 발생하는 까닭은 이치이다. 기운이 아니면 능히 발생하지 못하고 이치가 아니면 발생하는 바가 없다. 따라서 이치와 기운은 선후(先後)도 없고 이합(離合)도 없으니 호발이라고 이를 수 없다」고 하였으며, 주자의 「발어이 발어기」에 대한 퇴계의 해석 또한 반대하여 주자의 의사 또한 사단(四端)[75]은

---

75) 사단은 사람의 본성에서 우러나는 네 가지 마음씨, 곧 인(仁)에서 우러나는 측은지심(惻隱之心), 의(義)에서 우러나는 수오지심(羞惡之心), 예(禮)에서 우러나는 사양지심(辭讓之心), 지(智)

오로지 이를 말한 것이요 칠정(七情)76)은 기를 겸하여 말한 것이지, 사단은 이가 먼저 발하고 칠정은 기가 먼저 발한다는 것을 의미한 것은 아니라고 했다. 더 많은 연구 자료가 있으나 생략하고 교육 사상으로 넘어가려 한다.

율곡은 각자의 기(氣) 생성의 근원인 자유행동을 억제하여 기의 본연으로 돌아오게 하는 데에 있는 것이니 각자의 호연지기인 사람의 마음에 차 있는 정대한 원기를 수양하는 것이 교육의 가장 급한 문제라고 보았다.77) 그리고 그는 이러한 목적을 달성하기 위한 방법으로 모름지기 뜻을 세우고 성인으로 준직 후 표준을 삼아서 따라야 할 규칙으로 삼을 것을 주장하였다. 이와 같은 목표를 위한 실천적 방법으로서는 그 대상을 차원이 높은 우주에서 구하지 아니하고 일상생활의 생활 규범에서 찾아야 한다고 보았다. 그는 「도(道)란 높고 멀리 있는 것이 아닌데, 사람들은 말로만 어렵다고 하고 스스로 행하지 않는다」라고 하였다. 도(道)란 우리의 일상생활에 있는 것이다. 하여, 학자들은 마땅히 한 마음으로 학문을 하여 학교에 있을 때나 집에 있을 때나 모두 마땅히 더욱 노력하여 일에 가까이함에 따라 도를 더욱 살펴야 한다. 그가 말하기를, 「미치는 바는 많고 적음이 있으며, 공적은 넓고 좁음이 있으니 덕성이 중용을 잃지 아니한 상태의 공이 한집에 미치면 한집의 천지가 자리하고 만물(萬物)이 있겠는가? 다만 부부(夫婦)와 부자(父子)와 형제(兄弟)가 각각 그 분수

에서 우러나는 시비지심(是非之心) 등의 스스로 말미암는 정(情), 즉 자유지정(自由之情)이다.

76) 칠정이란 희(喜)・노(怒)・애(哀)・구(懼)・애(愛)・오(惡)・욕(欲)을 가르킨다.『주자어류』권 87, 예4 예운(禮運). 때로는 사람의 일곱 가지 감정, 즉 희노애락애오욕(喜怒哀樂愛惡欲) 또는 희노우사비경공(喜怒憂思悲驚恐)을 의미한다.

77) 이이,『율곡전서』권10「답성호원(答成浩原)」.

를 다하면 천지가 자리하는 기상이요, 인자하고 효도하고 우애하고 공정하고 따라서 각각 그 점을 다하면 만물이 자라는 기상이다. 이러한 현상이 한 나라에 영향을 미치면 한 나라의 천지가 자리하고 만물이 자라서 명덕(明德)이 한 나라에 밝아지는 것이요, 천하에 미치면 천하의 천지가 자리하고 만물이 자라서 명덕이 천하에 밝아지는 것이다.78) 이와 같은 율곡의 교육철학은 그 자신의 학문을 이룩하는 것에 있어서 수양의 지침이기도 하였으며, 그가 20대에 스스로 생활 실천 규범으로 정한 「자경문십일조(自警文十一條)」에도 그대로 보여지고 있는 것이다. 이 「자경문십일조」는 현대 학생들의 사고력과 차이가 있어 생략하기로 하고 다음으로 그의 교육이론을 볼 것인데, 크게 세 가지로 나누어 볼 수 있겠다.

(1) 군주에 관한 교육이론

군주는 국가의 대본이니 마땅히 수신치국의 요구를 닦아 국가의 근본을 굳건히 할 것을 역설하였다. 이와 같은 그의 사상은 일찍이 사헌부(司憲府) 대사헌으로 있을 때 올린 간원진시사소79)에도 보이지만, 여기서 그는 수신치국의 중요한 도덕에 대하여 「① 입치(立治)의 본으로서의 정심」 「② 어진사람을 등용하여 조정을 맑게 함」 「③ 백성이 안심하고 편히 살게 함」으로 이야기하며, 확고해지는 국가의 근본을 요구하였다. 또 그는 일찍이 34세가 되던 해 임금에게 강청하여 군주가 된 자로서의 학문의 공적을 논하였고, 또한 동호문답(東湖問答)을 저작하여 왕에게 바쳤다. 이 문답80)은 전문11조로 되

---

78) 이이, 『율곡전서』 권3 소차(疏箚).
79) 이이, 『율곡전서』 권3 소차(疏箚).

어있는데, 이 내용을 살펴보면, ① 군도(君道), ② 지도(志道), ③ 군신(君臣)이 만나기 어렵다는 것, ④ 동방도학(東方道學)의 부진, ⑤ 아국왕도정치(我國王道政治)의 불실시, ⑥ 당면시무(當面時務), ⑦ 무실수기(務實修己), ⑧ 용현(用賢)의 요(要), ⑨ 안민지술(安民之術), ⑩ 교인(敎人)의 술(術), ⑪ 정명(正名)의 치도(治道)라고 논술되어 있으며, 군주는 마땅히 이것을 항상 깊이 생각해야 한다고 하였다.

그는 40세 되던 해에 『성학집요(聖學輯要)』[81]를 왕에게 자진하여 드렸다. 당시 왕이었던 선조는 「이 책은 심히 절실하고 중요하다. 이 것은 부제학의 말이 아니요, 바로 성현의 말씀이다. 매우 정책에 보 탬이 되겠으나 나같이 불민한 사람으로서는 실행할 수 있을까 의심 한다」라고 하였다. 이 책은 총 8권으로 되어있다.

(2) 일반 학자들에 대한 교육이론

율곡의 일반 학자들에 대한 교육이론은 여러 곳에서 찾아볼 수 있 다. 그중 『학교모범』[82]은 1582년 율곡이 47세 때 저술한 것으로 그 내용은 입지(立志) · 검신(檢身) · 독서(讀書) · 신언(愼言) · 존심(存心) · 사친(事親) · 사사(事師) · 택우(擇友) · 거가(居家) · 접인(接人) · 응학 (應學) · 수의(守義) · 상충(常忠) · 독경(篤敬) · 거학(居學) · 독법(讀法) 등 총 16조로 되어있으며, 『소아수지(小兒修知)』는 아동 교육을 위한 일종의 소학 학규로서 총 17조로 되어있다. 『격몽요결(擊蒙要訣)』은 일 반 학도들을 위하여 편술한 것이다.[83] 그는 독서의 방법으로 학우는

80) 이이, 『율곡전서』 권15.
81) 이이, 『율곡전서』 권19~26.
82) 이이, 『율곡전서』 권15 雜著2.
83) 이이, 『율곡전서』 권27.

먼저 사물의 이치를 궁구하여 선을 밝힌 연후에 행하여야 한다고 보았다. 그의 독서의 방법은 각 개인의 차에 따라서 그 응하는 바가 동일하지 않았다. 즉, 그는 독서에서 『소학(小學)』을 근본으로 하고, 그 다음에 『대학(大學)』과 『근사록(近思錄)』을 읽어 그 규모를 정하고 그 이후에는 『논어(論語)』·『맹자(孟子)』·『중용(中庸)』·『오경(五經)』을 읽도록 하였다. 간혹 『사기(史記)』와 성현의 「성리지서(性理之書)」를 읽어 그 의취(意趣)를 넓히고 식견을 정밀하게 할 것이며 성인(聖人)의 책이 아닌 것을 읽지도 말고 보지도 말라고 하였다.[84]

(3) 향풍(鄕風) 교정을 위한 교육이론

율곡은 선조 4년(1571) 정주 목사로 부임하여 「서원(西原) 향약」을 완성하였으며 그 후 선조 6년(1573) 직제학(直提學)이 된 후에는 「향약법 시행헌책(鄕約法 施行獻策)」을 상소하였다. 이것을 계기로 하여 그는 왕명에 의하여 「향학절목(向學節目)」을 계청(啓請)하였다. 이 밖에도 그는 해주향약 「사창계약속(社創契約束)」 등을 정하여 향풍(鄕風)의 교정에 크게 힘썼다. 그의 향약 내용을 보면 향약의 근본 정신을 덕업상권(德業相勸)·과실상규(過失相規)·예속상교(禮俗相交)·환난상휼(患難相恤)로 하였다. 또한, 그의 직제로서 강력한 통제력을 가진 책임자를 두어 각 사람들의 선과 악을 분별하여 그 상과 벌을 엄격하게 하였다. 그리고 그는 보다 원활한 풍속 교정을 위해 각 마을에 교육을 담당하는 훈도(訓導)를 두어 지방 자제 및 백성들을 대상으로 소학 및 향약사목(鄕約事目)을 가르치게 하였다.

---

84) 이이, 『율곡전집』 권15 雜著2.

이것이 첫째 군주의 수신치국에 대한 방법에 관한 것이었고, 둘째 일반 백성과 학도들의 수신치도의 방법에 관한 것이며, 셋째는 일반 백성들의 향풍 교정에 관한 것이다.

조선 후기(1724-1876)의 교육

1. 교육사적 배경

이 시기는 영조에서 고종 13년(1876)까지로 조선 사회의 고질적인 폐해인 당쟁으로 인해 임진(壬辰), 병자(丙子)의 양대 전란을 겪었으며 이것은 이후 조선 중기 사회의 정치, 경제, 교육을 전반에 걸쳐 파탄의 지경에 몰아넣었다. 그런데도 양반들, 특히 집권자들은 조금도 반성할 줄 몰랐으며 오히려 이들은 「주자학적 공리사상(功利思想)」에 사로잡혀 「승명사상(承命思想)」과 예절에 관한 번잡한 논란이 더욱 치열화하는 경향을 보였다.

임진왜란 직후 선조 32년(1599)에는 북인 남이공(南以恭)과 홍여순(洪汝諄) 사이의 반목으로 대북・소북의 분열이 시작되었고 이들 상호 간은 왕위 계승 문제를 둘러싸고 대립을 보였다. 또한 광해군 2년(1610)에 대북은 다시 골육상잔까지 이르렀다. 또한 인조(仁祖) 때부터 숙종(肅宗) 때 이르는 시기에는 「복제문제(服制問題)」에 의한 예절에 관한 논란으로 서인과 남인의 대립이 심각하였다. 이러한 정쟁(政爭)은 계속되는 동안 이들은 서로 배척하여 일부에서 「정치기강(政治紀綱)」이 문제시된다. 경종(景宗) 원년(1720) 5월에 부교리

조문명(趙文命)이 상소한 내용을 보면, 붕당으로 인한 폐해를 다음과 같이 5개조로 설명한다. 「① 옳고 그름이 참되지 않음. ② 사람을 씀이 넓지 않음. ③ 기강이 서지 않음. ④ 언로(言路), 즉 신하로서 임금에게 말을 올릴 수 있는 길이 막혀있어 ⑤ 염치(廉恥)가 깡그리 없어짐입니다.」[85]라 하였다.

또한 실지로 영조(英祖) 4년(1728) 5월에 조관규(趙觀奎)의 음모가 있은 후 그는 왕의 친국(親鞫)에서 「비록 과거에 합격했더라도 직을 얻지 못하며 노론(老論)이 아니고는 발붙일 곳이 없으니 이밖에 딴 도리가 없었다」[86]라고 공술한다. 이를 통해서 당시의 정치기강이 얼마나 문란했던가를 알 수 있다. 이와 같이 과거 부정이 종종 행하여져서 글을 알지 못하는 자도 시종으로 청하여 인품이 낮고 하급 관리에 이르기까지 남입(濫入)하여 대서차술하는 폐단이 생기게 되니[87] 과거제도의 위신이 땅에 떨어지었다.

성호(星湖) 이익(李瀷)은 이와 같은 과거의 폐단을 지적하여 과거를 노비, 문벌, 기교, 승니(僧尼), 유타(遊惰)와 더불어 여섯 번째의 사회악으로 규정하여 육두(六蠹)에 비교하였으며, 또 이들의 행위는 도적보다 심한 것으로 여겼다.[88] 그러나 임진·병자 양난 후에는 고관의 자손이 도처에서 서원을 세워 그 조상을 받들었고 또한 서원은 원래의 강학기풍(講學氣風)을 찾아볼 수 있게 되었다. 따라서 학교교육에 있어서 스승과 제자 사이는 모두 학술이나 학문에 열중하였다.[89]

---

85) 『경종실록』 권3, 원년(1720) 5월 5일.
86) 『영조실록』 권18, 4년(1728) 5월 7일.
87) 『증보문헌비고』 184, 선거(選擧)10 과거.
88) 이익, 『성호사설』 권3 하(下), 人事篇4 治道門.
89) 유형원, 『반계수록』 교선지제(敎選之制) 하(下) 공거사목(貢擧事目).

2. 외래 사상의 수용

1) 서학(西學) 사상의 수용

조선 중기 국내 정세가 불완전한 과정에 있을 때, 서양인은 상업 활동으로 동양에 관심을 가지기 시작하였다. 지리상의 탐험을 가져 와 동양 제국 진출이 더욱 빈번하게 되어갔다.[90] 더욱이 종교적인 면에서도 1517년 10월 31일 마틴 루터(Martin Luther: 1483~1546)에 의한 종교개혁이 발생하여 지금까지 서양 정신면을 지배하였던 가톨릭교 세력이 만회할 수 없을 정도로 타격을 받게 되자, 그들의 관심은 이제껏 손을 뻗치지 않았던 동양 제국으로 몰리게 되었다. 당시 이 운동의 최선봉에서 적극적으로 동양 포교의 길을 개척하였던 것은 이냐시오 데 로욜라(Ignatius de Royola: 1491-1556)에 의 하여 창설된 예수회(Jesuit) 교단이었다.

이와 같이 돌아가는 형편에서 마테오 리치(Mateeo Ricci: 1552-1610)가 중국에서 포교하고, 프란시스코 사비에르(Fransisco Xavier: 1506~1552)는 일본에 처음으로 가톨릭을 전하게 되었다. 그들은 비단 종교뿐만 아니라 포교의 수단으로서 당시의 진보된 서구문물을 동양에 전파하였다. 조선에도 이러한 시대적 조류(潮流)에서 예외가 될 수 없었다. 일찍이 인조(仁祖) 4년(1626)에는 화란인 하멜(Hendrik Hamel) 등이 우리나라에 표류하였다가 15년 동안의 구금 생활에서 탈출하여 본국으로 돌아가 『하멜 표류기』를 써 서양에 처 음으로 우리나라를 소개하였다.

---

90) 계곡필(鷄谷筆): 계곡(鷄谷) 장유(張維: 1587~1638).

그러나 조선 사회의 사상적 측면에 직접 영향을 미친 것은 중국에 왕래하는 사신들에 의하여 간접적으로 전해지는 서양 문물과 그 사상이었다. 중국 연경(燕京: 현 베이징)을 중심으로 하며 전래 유포된 천주교와 그들 선교사에 의하여 전해지는 서양 문물이 해마다 파견되는 연경 사신들에 의하여 조선에 흘러들어오게 된 것은 당연한 추세이었다. 광해군 때 지봉(芝峯) 이수광(李睟光: 1563-1628)은 『지봉유설(芝峯類說)』을 지어 마테오 리치와 그의 저서 『천주실의(天主實義)』, 『중우론(重友論)』 등을 소개하였으며, 같은 시기에 유몽인(柳夢寅: 1559-1623)도 그의 저서 『어우야담(於于野談)』에서 역시 마테오 리치와 『천주실의(天主實義)』를 소개했던 것이다.

인조(仁祖) 9년(1631) 정두원(鄭斗源: 1581-?)은 명나라로부터 서양식 화포(火砲), 천리경, 자명종(自鳴鐘) 등과 마테오 리치의 『천주실의(天主實義)』, 『서양풍속기(西洋風俗記)』, 천주서(天主書), 천문도(天文圖), 만국전도(萬國全圖) 등을 전하였으며 그 후 김육(金堉: 1580-1658)도 연경(燕京)으로부터 시헌역법(時憲曆法)과 수술(數術)에 관한 서적을 수입하였고 병자호란으로 연경에 볼모로 갔던 인조의 장남 소현세자(昭顯世子)는 신부 아담 샬(Adam Schall: 1591-1666)과 서로 사귐으로써 과학 서적과 천문교서 등을 가지고 귀국하게 되었다.

이와 같이 전해진 서양 문물과 서양 사상은 그때까지 시가와 문장들의 학문만 연구하고 종사하던 천박한 학문 경향에 싫증을 느껴오던 일부 학자들의 관심을 불러일으켰으며, 특히 정치계와 교육계에서 당쟁에 의하여 실각된 남인 학자들에 의하여 처음 서양학으로 소개되었던 천주교는 점차 신앙으로 그 성격이 변화하게 되었다.

2) 고증학(考證學)의 수용

인조(仁祖) 14년(1636) 병자호란이 끝나고 조선은 대국으로 섬길 대상국이 명(明)에서 청(淸)으로 바뀌게 되자 자연히 청과의 교섭이 잦아지게 되었다. 그러나 처음으로 비롯되는 시기에는 청에 대한 형식적 사대의 예를 취하면서도 과거 명에 대한 은의(恩宜)의 반감 등으로 청에 대하여는 어디까지나 진심으로 복종하지 않는 태도를 취하였으며, 따라서 그들의 문물까지도 배척하게 되었다. 이와 같은 경향은 효종(孝宗) 때 이르러 더욱 적극화하였으며 이것은 그의 북쪽 토벌의 야심에 더욱 잘 반영되었던 것이다.

그러나 중국을 정복한 청나라 조정의 문화정책과 또 그곳에서 나타난 학문 연구의 실증적 방법, 환언하면 명나라 말기 양명학(陽明學), 즉 중국 명나라의 왕양명이 주장한 유학 사상으로 양지(良知)를 타고났으나 물욕에 가리어 흐려지므로 그 장애를 제거하고 지행합일을 꾀해야 한다는 주장에 반발하여 공맹(孔孟)의 경전에서부터 그 근원되는 뜻을 찾으려고 하는 학문의 고증적(考證的) 연구 방법과 실사구시(實事求是), 즉 사실에 토대를 두어 진리를 탐구하는 학문적 연구 태도는 이민족을 정복한 왕조인 청나라로 하여금 중화(中華) 사상을 부흥하게 만드는 데 충분하였다.

이와 같은 청나라의 학문적 경향은 명나라가 몰락한 후 청에 멸시적 태도를 취하며 중국의 전통을 고수하는 조선으로서의 긍지를 갖고 있었던 학자들에게 많은 감화를 주었으며, 아울러 그들의 초기적 사고를 수정하지 않을 수 없게 하였던 것이다. 따라서 초기의 승명사상(承明思想)에 입각한 배척 청국의 관념에 대한 수정이 나타난다. 박제가의 『북학의』에 보면 다음과 같은 내용이 나온다.

「오늘날 중국을 다스리는 사람은 오랑캐들이다. 따라서 이들을 배우는 것을 부끄러이 여긴다 … 그러나 그들이 거주하는 곳이 어찌 삼대 이래 한(漢) 당(唐) 송(宋) 명(明)의 중국 땅이 아니냐? 그리고 이 땅에서 난 사람은 어찌 삼대 이래 한·당·송·명의 자손이 아니겠느냐? 만약에 이들이 사용하는 제도가 아름답다고 하면 오랑캐의 것이라 하더라도 자진해서 배워야 할 것인데 하물며 그 규모가 광대하고 심술(心術) 즉 온당하지 못하고 고집스러운 마음이 정밀하며 제도가 넓고 먼 혼원이며 문장이 빛나는 것은 아직도 삼대 이래 한, 당, 송, 명의 고유한 것을 보유하고 있는 것이 아닌가? 우리나라와 비교하건대 그들보다 본래 한 치의 나은 것도 없는데 홀로 한 줌의 상투로서 스스로 천하에 과시하여 말하기를 오늘의 중국은 옛 중국이 아니다 하여 그 산천을 더러운 것으로 보고 그 인간을 욕하기를 견양(犬羊: 개와 양)에 비하고 그 언어를 비방하기를 뜻이 통하지 않는 마미의 소리라 하여 중국 고유의 좋은 법규나 좋은 제도까지도 오랑캐 것이라 하여 배척하니 장차 무엇을 모방하여 나갈 것인지 알 수 없다」[91]라고 하여 지금까지 우물 안 개구리 격의 조선 학자들의 학문상의 경향에 일침을 가하고 있다. 또 계속해서 「우리나라의 경비를 방탕한 것은 이재(理財)가 부족한 까닭이다. 이재를 이치에 맞게 얻으면 적은 나라는 큰 나라로 쓸 수 있을 것이요 또 만일 이재를 그 이치에 맞게 얻지 못하면 큰 나라도 적은 나라로 쓰는 것이 되는 까닭이다. 그런즉 사람을 선발하

---

91) 박제가, 『북학의(北學議)』. 서문.

여 중국에 파견하여 중국의 산업에 대한 각종의 기술을 배우게 하
자」[92]라는 기풍(氣風), 즉 기상과 기질이 나타난다. 또「지금 우리
나라 인사들이 진실로 양질의 토양을 원하면 중화(中華)의 도법(道
法)을 배워서 먼저 우리나라 풍속 중 추로(椎魯), 즉 우둔하여 변동
성이 없는 것을 변화함과 같지 못하니 위선 경잠도야(耕蠶陶冶)로
부터 교통 상공에 이르기까지 모조리 배워서 남이 10번에 능이하
면 나는 100번 힘써 먼저 우리들로 하여금 이롭게 하고 우리들로
하여금 앞장을 지어 족히 써 저 사람들의 견갑이병(堅甲利兵), 즉
단단한 갑옷과 날카로운 병기를 달(達)하게 만든 후에 비로소 중국
을 볼만할 것이 없다고 주장함이 옳을 것이다」[93]라고 하여 사회를
개혁하였다.

3. 실학 사상의 교육적 의미

1) 실학(實學)의 수용과 그 교육

조선 중기 2차에 걸친 병란과 주자학적 공리공론에 의한 당쟁의
분열 대립은 국초 이래 국가 제도를 파손했음은 물론 일반 백성들의
생활 역시 몹시 곤궁에 빠지게 만들었다. 이와 같은 추세에서 이같은
병폐를 가져온 모든 요소에 대한 심각한 자아비판이 일부 학자들에
의하여 발생되어 새로운 사회질서와 국가 질서의 확립을 위한 시책과
그 방법에 대한 학문적 연구를 포함한 실사구시(實事求是), 즉 사실에

---

92) 박제가, 『북학의(北學議)』 재부편(財賦篇).
93) 박지원, 『연암집』 권19.

토대를 두어 진리를 탐구하는 새로운 학풍이 일어나게 되었다. 이것을 우리는 실학 또는 국학(國學)이라고 하고 이러한 학파를 실학파나 국학파(國學派) 또는 경제학파(經濟學派)라고 부른다.

이와 같은 학문 연구 태도는 조선 초기에까지 소급할 수 있겠지만,[94] 실사구시 학풍이 사회개혁의 방법론 또는 학문 연구의 궁극적 목표 성정으로 하나의 학파를 형성하여 발전한 것은 영조(英祖)와 정조(正祖)를 전후한 17세기부터 19세기 중엽에 이르는 시기로서 우리는 이 시기를 한국교육사 또는 한국유학사에서 실학 사상기로 설정 지을 수 있다. 이러한 학문 연구의 동향은 일찍이 성호(星湖) 이익(李瀷: 1681-1763)이 그의 저서 『성호사설(星湖僿說)』에서 국초 이래 실무를 아는 이 오직 율곡과 반계 두 사람이 있었는데 그 근본을 헤아려 이를 수 있고 일절을 혁신하여 왕도정치(王道政治)를 시작하려 했고 그 뜻도 진실로 크다고 한 것이라든지[95] 추사(秋史) 김정희(金正喜: 1786-1856)가 실사구시론(實事求是論)에서 공소(空疎)한 것을 버리고 사실에 증명하여 선입견을 버리고 옳은 것을 찾아야 할 것이며, 한학자 가운데 송학(宋學)의 주장은 복고적 색채를 가지고 있고 단순한 지식에서 실천으로 옮겨진 것이 특색이므로, 마음을 평온하고 순화롭게 하고 학식이 넓고 독실한 실천[평심정기 박학독행(平心静氣 博學篤行)]으로 실사구시만을 위주로 해야 한다고 하여[96] 초기 실학의 특징을 현실에서 벗어난된 공리공담의 허구적인, 당시의 학문 연구 방법을 지양하고 일반생활에 근거를 두어 실사구

94) 한우근, 『이조 후기의 사회와 사상』, 한국문화총서 제16집, 을유문화사, 1961.
95) 이익, 『성호사설(星湖僿說)』 권3 하, 治道門 上 總論 變法.
96) 김정희, 『완당집(阮堂集)』 권4.

시(實事求是)를 위주로 할 것을 강조하고 있는 것에서 볼 수 있다. 이와 같은 실학파로서 학문적인 전개를 보인 학자들은 주로 중앙 정치직에서 탈락한 서인학자들로서 그들은 일찍이 숙종(肅宗) 20년 (1694) 노론파와의 정치 투쟁에서 실패하여 다시 중앙 정계에 진출할 수 없을 정도로 타격을 받게 되자 방향을 현실 사회의 모순과 당쟁의 불합리성으로 돌려 그 근원의 모순을 찾게 됨에 이르렀다. 비로소 이 당시 실학운동의 새 어린잎과 줄기가 나타나게 되는 것이라 할 수 있다.

이와 같은 사상의 흐름을 타고 실학의 가치를 분명하게 한 사람은 반계(磻溪) 류형원(柳馨遠: 1622-1673)이다. 그는 학문의 연구 대상을 사회개혁에 두어 토지 조세, 과거교육, 관료, 군사 등을 비롯한 여러 문제에 걸쳐 그의 사상을 체계화하였다. 즉 그는 토지의 국유화 균전(均田) 재분배를 주장하였으며 조세제로서 결부제(結負制)를 반대하고 경묘법(頃畝法)을, 사회적인 면에 있어서는 노비제도에 부정적 입장을 취하고 과거제도의 폐지와 공거제(貢擧制: 각 지방의 재주 있는 자제를 뽑아 추천하는 방법)를 주장하였다. 또한 여기에 부수되는 학교교육의 정비 등에서 구체적인 그의 사상을 드러내며 이후 성호로 하여금 실무로서의 왕도정치의 부흥이라는 찬사를 듣고 그의 이와 같은 학풍은 이후 실학운동의 방향으로 드러나게 되었다.

이런 반계의 학풍에 영향을 받아 여기에 양적 규정의 논증인 정밀을 더하고 또 서학사상의 영향을 섭취하여 당시 한 학문의 집단으로서 학파를 형성하게 한 사람이 성호 이익이다. 그는 『성호사설류선 (星湖僿說類選)』과 『곽우록(藿憂錄)』 등의 저술을 통하여 당시의 정치적 폐단과 백성들을 병들게 하는 데 대한 예리한 비판을 가하고 아울러 그 대안을 제시하여 근본적인 구제책을 논술하고 있다.

그는 과거제도에 대한 근본적인 개혁과 서북인(西北人)에 대한 차별을 폐지할 것을 주장하고 일반 백성들의 생활을 위하여 법적으로 매매를 금하는 영업전(永業田)의 설치와 자본 축적의 방법으로서 재물을 늘리거나 이윤 일부를 자본에 넣은 생재(生財)를 논하였으며, 문벌을 혁파할 것을 주장하였다. 여기서 근대사상의 민주주의와 평등 사상의 한 단면을 볼 수 있다. 이러한 학풍은 그의 문중 제자 간에 계승되어 이후 남인 학자로서의 계열을 가졌다.

이와 같이 반계 류형원과 성호 이익에 의하여 확립된 실학사상은 18세기 중엽에서부터 19세기 중엽에 걸치는 동안 그 전성기를 맞이하였으며, 이와 같은 실사구시(實事求是)의 학풍은 경학(經學)뿐 아니라 모든 학문의 분야에서 그대로 반영되었다. 특히 영·정조 양대를 중심으로 하여 국가적인 사업으로 나타난 활자의 주조(鑄造) 그리고 규장각의 설치와 같은 문예 부흥 정책과 결부하여 이러한 학풍은 더욱 발전하게 되었다.

2) 발생 배경에서 본 교육적 의미

실학의 의미는 참다운 학문을 뜻하며 참다운 학문이란 실로 출세공리의 수단 방편도 아니요, 직업으로서의 학문도 아니며, 널리 책을 읽고 궁리정심(窮理正心), 수제치평(修齊治平)을 본받아 배우고 치국혜민(治國惠民)의 공적을 거두려는 데 목표를 두어야 할 것이다. 공자가 교리(敎理)의 근본 뿌리로 삼는 정심(正心), 수신(修身), 제가(齊家), 치국(治國), 평천하(平天下)의 조목에서 알 수 있듯이, 그의 학문의 정신은 수기 치인 경세의 실용에 있었던 것이다.[97] 그러나

두 차례의 전란 후 조선 사회에 있어서 학문상의 경향은 당쟁에 급급하여 일찍이 성호가 지적했듯이[98] 의관속대(衣冠束帶)를 한 진신박사(搢紳博士)들이 입으로만 공맹을 심심풀이로 말하면서도 실은 조금도 준봉지의(遵奉之意)를 가지지 않고 이익과 계급에만 급급하여 학문의 근본을 망각하고 정치적 실권을 잡기 위한 당파적 대립에만 더욱 집중하였다.

3) 사상 전개에서 본 교육적 의미

앞부분에서 말한 바와 같은 사상을 쓸어버리고 등장한 새로운 인물은 반계 류형원이라고 생각된다. 반계는 당시 교육제도의 모순과 그 운영의 불비에서 오는 정치 사회적 문제를 해결하기 위하여 과거제의 폐지를 주장하고 대신에 국가에서 매년 필요한 인재를 직접 공급할 수 있는 학교교육을 구상하여 공거제(貢擧制)의 실시를 주장하였다. 즉 그는 중앙에 태학을 두며, 지방에 영학(營學), 읍학(邑學) 등의 단계적 교육제도를 설립하여 읍학에서 수학한 자로서 우수한 자는 영학에, 영학에서 수학한 자로서 우수한 자는 태학에 각각 공거(貢擧)하며, 태학에 수학한 자로서 우수한 자는 최후로 조정에 추천하자고 주장하였다. 이리하여 공거승조(貢擧升朝)된 자는 진사(進士)라 하여 중앙에 설치되는 진사원(進士院)에서 1년간 수련을 거친 후 요직에 취임하며 각학(各學)의 공거에서 낙천된 자는 적재적소의 지방직에 임명함으로써[99] 양반 계급으로 정권 쟁탈을 위한 당쟁의

---

97) 김용덕, 『실학노트』, 文耕 9韓.

98) 이익, 『성호사설』, 권10 상 經史編 9.

99) 유형원, 『반계수록』.

요소를 배제하며 또 과거를 위한 공론적 학교교육의 모순을 제거하고자 하였다.

이와 같이 반계가 교육 쇄신을 위한 교육활동의 개혁을 전면적으로 주장한 데 반하여, 그의 영향을 받은 성호는 당시 사회 구조로 보아 과거제를 완전히 폐지하고 공거제로만 인재를 골라 쓰는 방법은 도리어 선비의 기품을 종용히 막히게 하고 유학(儒學)을 배우는 선비들로 하여금 진취의 기상을 잃게 하는 것으로 도리어 과목을 통하여 인재를 택할 수 있는 것만 같지 못하다고 하였다.100) 이에 기존 과거제 일부를 수정하고 이와 아울러 반계의 공거제를 나란히 같이 하는 같이 하는 과천합일제(科薦合一制)를 구상하였다. 그리고 그는 종전 과거의 식년시(式年試)를 폐지하고 오년대비지제(午年大比之制)를 주장하였다. 이것은 과목을 다섯 과로 분류하고 매년 한 과씩 시험하여 그 성적을 평가하며, 5년간 전 과목을 완료시켜 그중 합격자 수백 명을 가려서 골라 뽑고 가을 말에 궁전의 뜰에서 치도(治道)를 문과 시문에 응시하게 하고 그중 가히 쓸만한 자 약간을 급제시켜 출신하며 나머지는 진사(進士)라 하여 재주의 정도에 따라 차제로 보관하도록 하였다.

다음으로 새로운 교육철학에 의해 새로운 사회윤리관을 확립하려는 노력을 찾아볼 수 있다. 당시 사회의 윤리 관념상 양반 계급은 오로지 학문을 닦아 관료로 사회에서 지위를 얻어 출세하여 영예를 구하는 데 목표가 있었으니 농업이나 상업과 같은 일차적인 생산수단에 종사하는 것을 천히 여겼다. 이러한 사회 관념을 없애고 양반 계

---

100) 이익, 『성호사설』 권30 잡저(雜著), 공거사의(貢擧私議).

급도 제1차적 생산수단에 종사할 것과 거기에 부수되는 사회 관념을 바로잡을 수 있는 교육철학이 시급한 문제로 등장하였다. 그래서 성호는 일찍이 허형(許衡)의 글을 빌려[101] 학자는 먼저 생활가무(生活家務)를 잘 다스려야 하며 생리(生理), 즉 생물이 살아나가는 이치와 생활하는 길의 지식이 부족하면 학문을 익히며 가는 길에 방해가 된다고 말하였다.[102] 또한 계속해서 사군자(士君子)도 농업에 힘써 생활을 다스려야 할 것이며 상업이라 할지라도 의리, 즉 사람으로서 지킬 바른 도리를 잃지 않는 한 불가할 것은 없다고 주장하여 양반계급으로 하여금 귀토무농(歸土務農: 흙으로 돌아가 농사에 힘씀)하고, 상업에 종사할 것을 권하고 있다.

또한 추사(秋史) 김정희(金正喜: 1786-1856)는 학문의 생활화를 적극적으로 주장하여 실사구시(實事求是)를 지어 학자들이 만약에 실사(實事)를 일삼지 아니하고 내용이 비고 소략한 계략을 유리한 방법을 편다고 하여 그 지시한 것을 요구하지 아니하고 다만 선인의 주장으로 삼는다면 성현의 도(道)에 어긋나지 않는 자 없을 것이라고 하였다.[103] 그는 학문이 요구하는 지켜야 할 도리는 실사구시에 의한 실천에 있다고 주장하며, 학자는 마땅히 이론적 학문의 공허함을 벗어나 그것을 실생활에 응용하는 실학에 종사해야 한다고 언급함으로써 이 시대의 교육 사상에 대하여 새로운 교육철학적 변화를 제시하였다고 볼 수 있다.

---

101) 이익, 『성호사설』 권7 인사편(人事編), 학위연생조(學爲沿生條). 허형은 원나라 초기의 학자이며, 노재(魯齋) 선생이라 일컬어졌다. 정주학에 깊이 통하고 세조 때 벼슬이 국자죄주(國子祭主)에 이르렀다.

102) 이익, 『성호사설』 권7 인사편, 학위연생조(學爲沿生條).

103) 김정희, 『완당집(阮堂集)』 권1.

4) 사상 영향에서 본 교육적 의미

조선 사회의 조직이나 내부에 오랜 시간 생긴 폐해를 구하고 나아
가 조선 사회로 하여금 건전한 사회윤리로서 지배체제를 재편성하
고자 한 실사구시의 새로운 학풍은 남인(南人) 학자들이 앞장서서
주장하였다. 그러나 그들의 이러한 노력은 현상 유지를 위한 지배
계급의 고질적인 사고방식에 의하여 배제되고 또 그들의 학설 또한
공문화됨에 따라 심각한 자기반성에 빠지게 되어 후기 실학은 주로
학문 연구에 집착하게 되며, 동시에 실학의 한 방편으로 연구하였던
서학(西學)으로 현실적 불만을 집중시켜 드디어 이것을 신앙으로 발
전시켰던 것이다.

천주교는 이와 같은 실학운동 이전부터 이미 조선 사회에 간접적
으로 받아들여졌다. 그것은 신앙화되지 못하고 단지 일부 학자들에
의하여 소개되는 데에 그쳤다. 이와 같은 경향은 사회의 폐해를 목
격한 초기 실학자들에게도 그대로 나타난다. 성호는 「발천주실의
(跋天主實義)」에서 천주교를 설명하고 결론적으로 그들이 축건(竺
乾)의 교(불교)를 배척하는 것은 지극하나 오히려 천주교 또한 마찬
가지로 망령되고 허망한 것에 돌아감을 깨닫지 못하는 것 같다고
하여104) 천주교도 역시 불교와 마찬가지로 허망한 것이라고 보았
다. 따라서 그는 천주교에 대한 신앙은 생각조차 하지 않았던 것이
다. 그러나 그는 『칠극서(七克書)』에서 「만약에 칠극에서 천주나 귀
신(鬼神: 죽은 사람의 혼령)과 같이 모래나 자갈 같은 것을 골라내
고 훌륭한 이론만을 뽑으면 곧 우리 유가(儒家)들이 공부하는 바가

---

104) 이익, 『성호사설』 권55.

될 것이다」라고 하여 천주교리(天主敎理)를 전적으로 부인하고 있지는 않았지만, 이것은 어디까지나 당시 시(是:옳음)를 취하고 비(非:그름)를 사하려는 새로운 학문의 경향의 일탈에 불과한 것이며 천주교의 궁극적 목표인 천주에 대하여는 모래와 자갈에 비하여 부정하고 있었던 것이다. 그러나 후에 사회 개조를 위한 실학파의 노력이 공문화되고 실각한 남인들의 위치가 더욱 불우하게 됨에 이르러 성호의 제자 중에는 천주교에 대한 연구로서 정신적 위안과 현실적 도피를 꾀하는 무리들이 이미 많이 나타났다.

그러나 당시 이러한 풍조에 대하여 성호의 제자 안정복(安鼎福: 1712-1791)은[105) 아래 인용문에서 보는 바와 같이 경계하였고, 『천학고(天學考)』, 『천학문답(天學問答)』 등을 통해 이들의 마음을 돌리고자 노력했다. 그러나 영조 때 이르러서 천주교는 학문적인 연구 대상으로부터 점차 신앙의 대상으로 전환하고 있었다. 또한 정조 때에 이설(李薛), 권철신(權哲身), 권일신(權日身), 이가환(李家煥), 정약용(丁若鏞), 이승훈(李承薰) 등의 서학 연구가들이 이를 대표한다. 이들은 대략 정치적으로 불우한 남인 계통의 학자들로서 서로 스승과 벗이나 친척 등의 관계를 통해 처음 서양 과학지식에 대한 호기심에서 이를 연구하던 중 점차 신앙으로 그 성격을 바꾸게 되었다. 정조 7년(1783) 중국 연경에 간 이승훈(李承薰)은 다음 해 예수회의 루이스 드 그라몽 신부로부터 세례를 받았으며 다음 해 1785년 봄에는 서울 명례동(明禮洞)에 있는 김범우(金範禹)의 집을 교회로 삼았다. 이곳에서 조선 교회의 기원이 시작되었다.

이후 천주교는 만민평등의 기독교 정신에 입각하여 조선 사회의

---

105) 『성호사설』 권55.

계급타파를 목표로 하면서 포교의 길을 트니, 당시 사회적으로 불우했던 하층 계급의 열렬한 환영을 받으며 종교의 세력을 확장하여 갔다. 이와 같은 시기에 실학 연구학자는 거의 천주교 신자이거나 적어도 호의적 관심을 가져 이를 연구하고 있었다는 점에서 당시 후기 실학 학풍, 즉 실제로 소용되는 학문과 그 학문상 경향의 사상적 전개와 영향을 충분히 이해할 수 있다. 그리고 국가체제를 새로운 윤리로써 재정비하기 위하여 생겨난 교육철학이 결과적으로 조선 사회의 지배윤리인 주자학에 반대하며 계급타파를 주장하는 천주교로 그 대상이 전환되었다는 점으로부터 한국교육사에 있어서 실학운동의 영향과 깊고 큰 의의를 발견할 수 있다.

또 천주교는 포교의 수단으로서 지금까지 천하게 여겨진 훈민정음을 이용하게 됨에 따라 한글 보급에도 지대한 역할을 담당하였다. 즉 정약종(丁若鍾)은 포교의 수단으로서 처음으로 우리 한글로 된 『주교요지(主敎要旨)』란 두 권의 책을 만들었으며, 실학자의 한 사람이었던 이가환(李家煥)도 교리서(敎理書)를 한글로 보급하여 결과적으로 널리 한글의 보급을 꾀하였으며 이후 계속하여 한글로 된 교리서가 많이 나와 일반인들에게 널리 보편화되었다. 1835년 기해사옥(己亥邪獄) 때 순교한 이호영(李鎬永)이 심문 내용에서 「성교(聖敎)를 하기 위하여는 한문을 알 필요 없습니다. 우리말로 번역된 책이 있습니다. 저는 언문을 읽을 수 있음으로 이것을 배우는 데 아무 곤란도 없습니다」[106]라고 하는 것은 이를 잘 반영해 준다. 이와 같은 변화는 조선 말기의 교육은 구교육에 대한 반성과 신교육 시대로 발생하여 갔다.

---

106) 유홍렬, 『한국천주교회사』, 가톨릭출판사, 1962, p.320.

조선 말기(1876-1910)의 교육 사상

1. 주자학에 매몰되어 발전 못한 고견(顧見)

조선 말기는 고종(高宗) 13년(1876)에서 융희(隆熙) 4년(1910)까지이다. 이 시기에도 중종 때 조광조(趙光祖) 등에 의한 혁신적 정치 개혁 운동이 전개된 적이 있지만, 이 역시 주자학 사상에 의한 사회 개혁의 실천철학에 불과했으며, 그들의 사고는 항상 공맹(孔孟)과 그들이 이상으로 여기는 「요순시대」의 「지치주의(至治主義: 이상적으로 잘 다스려진 주의)」나 「덕치주의(德治主義)」 등을 통해 조선 사회를 더욱 확고한 기반으로 재조직하려는 배경에 불과했다.

조선 중엽 이후 실사구시를 표방하면서 실천철학으로 발생했던 실학운동도 그 근본에서 살펴본다면 역시 주자학 사상에 의한 사회의 재편성이었다. 조선 중기 실학자인 반계 유형원이라던가 성호 이익 등의 사상에서 눈에 띄는 실학운동도 그 이상적인 목표가 주나라 시대의 이상적 국가체제에 있었으며, 그들이 내세우는 실(實)도 결국은 현실적으로 타락한 주자학 사상을 근본적으로 환원하는 것에 불과했다. 물론 후대 실학자들에 의하여 선진적 사상의 전개와 참신한 학문적 발전이 나타난 것은 사실이지만, 어디까지나 이들 또한 공맹(孔孟)을 부인하지는 않았고 주자학설에 대하여 가혹한 비판을 피하였다는 점은 이들 역시 주자학적인 관념의 범위를 크게 벗어나지 못하고 있었음을 보여준다.

이러한 사상적 배경은 결과적으로 조선 사회로 하여금 현상 유지에만 급급하게 하였으며 대외적으로는 사대사상의 관념으로 한데 뭉쳐져 있었다. 따라서 우리의 민족의식은 항상 「사대의 예(禮)」에 의하여 무시당하고, 조선 정신은 사대 정신에 의하여 멸시받았으며, 우리의 시조는 중국인으로서의 기자조선에 만족하고 신라 이래 화랑에 의한 민족의식은 공맹을 높여 우러러봄으로써 해이하게 되었다.

이렇듯 조선의 독자적 국가 발전은 중국을 숭배하는 사대주의로 인하여 망각되었다. 고유한 문화 전통은 소중히 하고 만족하게 되어도 이른바 조선의 고유한 사상적 기반이 무엇이 있겠는가. 우리의 역사상 실재라 할 수 있는 것은 무엇일까. 세종대왕은 민족적 긍지와 우민 교화의 애족 정신에서 훈민정음을 처음 만들었고, 그 동기는 충분히 조선 사회의 국가적 발달을 위한 사상적 배경 또는 민족사상 발전을 위한 조선 고유의 독특한 교육철학 수립을 가능하게 할 수 있었다. 당시에는 주자학자들에 의해 발전을 저해당하여 단지 하층 계급의 의사표시 수단으로만 전락하고 이를 학문적으로 체계화하여 조선의 문화적 사상적 전통으로 발전하지 못했다.

이에 대해 19세기 조선에 온 영국의 지리학자 비숍(Bishop) 여사는 「한국 사람은 자기들 특유의 문자, 즉 한글을 가지고 있지만 한글을 천시하고 중국의 한문만을 존중하는 이상한 민족이다. 나라의 자랑이라고 할 언어학상 가장 발달한 한글은 부녀자나 하층 사회에서 쓰는 글로 알고 있다. 학교는 과목이 모두 한문이며 중국문을 안다는 것이 그 사람의 사회적 지위를 표시하는 것이며 출세의 무기이기도 하다」107)라고 논술하고 있다. 당시 사대주의에 급급하여 민족의식을 상실한 조선인의 학문적 태도가 외국인의 눈에는 이상한 것으로 비쳤으리라 짐작된다.

그러나 19세기 중엽 이후 세계 사조에 따라 동쪽의 은둔국으로부터 점차 세계 무대로 진출하게 되자 과거 학문 사상에 대한 조선인의 심각한 반성과 함께 새로운 교육철학과 학문적 사상에 대한 연구가 나타나게 되었다. 특히 지금까지 사대(事大)의 대상으로서 받들어 왔던 중국이 오랑캐라고 깔보았던 영국의 우수한 과학 문명 앞에서 하루아침에 여지없이 무너지기 시작하는 것을 보았을 때, 조선인의 놀람과 그에 수반하는 자기반성이 따라오지 않을 수 없었다.

2. 외국 문화의 수용과 변화된 교육

1) 외국 문화의 수용과 새 교육

1876년 고종은 전통적 관념에 의한 독선적인 고립 정책을 중지하고 조선으로 하여금 시야를 국제 무대로 돌리게 함으로써 근대적 국가로의 시초를 열었다. 고종 13년(1876) 조선 외교 정책의 일환으로 일본과의 「병자수호조약(丙子修好條約: 일명 강화도조약)」이 처음 타결되고, 이것을 기점으로 1882년에는 미국, 영국, 독일 등에, 이후 이탈리아, 러시아, 프랑스, 오스트리아 등에도 개방함으로써 지금까

---

107) Isabella L. Bird Bishop, *Korea and her Neighbours,* vol 2, New York: Fleming.Co. 1897.

지 중국에만 의존하여 오던 전통적 국가 관념을 벗어나 세계사의 조류에 따르는 외교 정책으로 변모하게 되었다.

이와 같은 변모는 5백 년 조선 사회를 지배하여 왔던 배타적 교육철학인 주자학에 대한 심각한 반성을 불러오고, 서양의 발달한 문물제도를 수용함으로써 조선 사회를 근대적 국가로 전환시키고자 하는 교육사적 일대 변혁이 일어나게 하였다. 미국, 영국, 프랑스의 조약문에서는 다른 나라와 달리 이러한 성격을 똑똑히 밝히고 있다. 1882년 미국과의 조약문 제10조에는 양국 학생이 왕래하여 학습·언어·문자·율례(律例)·예업 등을 양국이 행한다고 규정하여108) 한국교육사상 최초로 서양과의 유학생 교류를 법제화하였다. 그리고 불란서와의 조약 제9조 2항의 규정에는 「학습혹교회언어문자(學習或教誨言語文字)」라 하여 특히 교회(教誨) 두 글자를 강조하였으며, 영국과의 조약에서도 이와 비슷한 규정이 설정되었다. 그리고 러시아와의 조약 서식을 한글로 작성했던 것도 주목할 만하다.

2) 근대화를 위한 새로운 문화 운동

조선은 개방한 뒤 서양 여러 나라의 문물에 대한 관심과 병행하여 강화도에서 일본과의 수호 조약을 쌍방이 의논하여 판결이 진행되고 있을 때, 김기수(金綺秀)를 중심으로 한 사절단 75명이 수신사(修信使)의 자격으로 일본을 시찰한 바 있으며 또 1880년 고종 17년(1880)에 김홍집(金弘集)을 중심으로 한 58명이 역시 수신사의 자격으로 일본에 파견되어 군사, 교육, 산업 등 각 분야에 걸친 일본의

---

108) 진단학회, 『한국사』 제6권(현대편), 1959, p.79.

발전상을 시찰하였다. 1, 2차에 걸친 수신사들의 눈에 비친 일본의 선진 문명은 크게 관심을 불러일으켰을 것으로 이해된다.

특히 김홍집은 귀국하자 서양 근대의 기술적 성과를 받아들인 유신(維新) 일본의 문물제도를 배울 것을 주장하여 다음 해 고종 18년 정월 박정양, 엄세영, 강문형, 조병직, 심상학 등 10명으로 조직된 신사유람단(紳士遊覽團)을 일본에 파견하여 70여 일에 걸쳐 그들의 군사, 교육, 공장과 행정 시설에 이르기까지 상세히 시찰하고 돌아왔다. 한편 같은 해 11월에는 김윤식(金允植)을 영선사(領選使)로 삼아 60여 명의 학생을 중국 천진으로 보내어 신식 병기 제조법과 그 조련법(操鍊法: 군대를 실전에 익히기 위한 연습)을 배우게 하였다. 그리고 근대 국가로서의 면모를 새롭게 하고 새로운 사상의 흐름으로 국가체제를 정비하기 위하여 청나라의 총리아문(總理衙門)을 모방하여 통리기무아문(統理機務衙門)을 설치하여 그 내부에 12사를 두었다. 그 12사의 명칭에서 서양 문물을 수용하고자 하는 노력의 일단을 볼 수 있다. 조선의 학문적 경향이 현실적인 실용적 과학 사상으로 재편성되는 과도기적 단계로서, 한국교육사에 있어 높이 평가해야 할 문제이다.

근대 학교 설립과 교육 내용

1. 선교 계통의 학교 설립

조선에서 근대 학교의 설립은 1884년 갑신정변(甲申政變)을 기점으로 하여 활발하게 전개된다. 조선 사회의 봉건적인 질서를 타파하고 새로운 세계 사조에 입각한 근대 국가로 재편성하여 자유 독립의 국가 전통을 확립하려던 진보적 개화 사상가들이 일으킨 갑신정변은 보수파의 반동에 의하여 실패하지만, 이와 같은 진보적 개화 사상가들의 근대적 정신과 당시 국제 정세하에서 조선의 위치는 비록 보수파 정권이라고 할지라도 그들의 정책에서 이를 전적으로 무시할 수는 없었다. 더욱 문호개방하여 서양 열강의 학문과 사상에 관심을 보내고 있던 당시 조선 사회에 있어서는 더욱 말할 것도 없다.

그러므로 신앙을 목적으로 국내에서 활동하고 있던 기독교 선교사들에 대해서 배타적인 태도를 취할 수 없는 것도 또한 당연한 결과였다. 따라서 조선 사회에 있어 근대 학교 운동이 기독교 포교를 목적으로 조선에 입국한 서양 선교사들에 의하여 활발하게 전개된 것도 이와 같은 시대적 배경의 결과이다.

우리나라에서 근대 학교를 맨 처음으로 만들어 세운 기록은 1883년 조선 정부의 외교고문으로 있던 묄렌도르프(P.G. von Moellendolf)와 핼리팩스(T. E. Halifax)가 설립한 통변학교(通辯學校)이다. 여기에서 처음으로 외국어 전문 교육이 시작되었다. 1885년에는 초대 선교사 알렌(Horace N. Allen)에 의하여 House of Civilized Virtue라고 불리는 광혜원(廣惠院)이 설립되어 한국 최초로 국립병원으로서의 역할을 담당할 뿐만 아니라 1886년 4월부터는 학생과 연구생을 받아 서양의학을 교육하고 연구하게 하였다. 이곳은 한국 최초의 의학 전문학교의 성격도 갖게 되었다.

그러나 일반교육을 목적으로 하는 현대식 학교가 출발한 것은 1885년 미국 북감리선교부에서 세운 배재학당(培材學堂)으로 볼 수 있다. 배재학당은 외국인이 설립한 우리나라 최초의 근대적 사립학교로서 기독교 사명을 맡아 온 선교사가 바로 아펜젤러(H.G. Appenzeller)였다.109) 이 학교의 성격은 학당의 훈(訓)인 「욕위대자 당위인역(欲爲大者 當爲人役)」에서 볼 수 있는 바와 같이 봉사 정신에 의한 인재의 완성에서 살펴볼 수 있다. 이것은 성경에 「너희 중에 누구나 크고자 하는 자는 너희를 섬기는 자가 되고, 너희 중에 누구든지 으뜸이 되고자 하는 자는 너희의 종이 되어야 하니라」라는 기독교의 교훈에 입각한 것으로, 자신의 지위가 높고 귀하게 됨을 목적으로 한 과거 교육의 이기주의 사상과 비교하여 우리나라 교육 사상에 분명한 새 시대를 긋는 생각이라 할 수 있다.110)

교과과정은 한문, 영어, 천문, 지리, 생리, 수학, 성경 등이었고 과외 활동으로는 우리나라 교육사상 최초로 연설회, 토론회 같은 의견

---

109) H. H. Underwood, *Modern Education in Korea*, 1926, pp.11, 23.

110) 오천석, 『한국신교육사』, 현대교육총서출판사, 1964.

발표의 훈련과 야구, 축구, 정구 등의 스포츠 연습이 이루어졌다. 학교 운영 방침과 교육활동에 있어서는 우리나라 교육사상 새로운 기원을 마련하였다. 즉 학년은 두 학기로 나누고 하루의 교과 활동은 시간을 정하여 진학시키며 수업료는 전해 내려온 물품 대신 돈으로 받게 하며 입학과 퇴학의 절차는 엄격히 규정하고 근로를 장려한 것 등 모두 근대식 교육 방식을 보여준 것이다. 참고로 개교 후 4년 뒤에 제정 실시된 학칙을 살펴보면 대략 13항목이 되며 중요한 내용은 다음과 같다.111)

학칙(學則):
① 수업료: 수업료는 매월 3량이며 다달이 낸다.
② 학자(學資): 학자금이 없는 이는 일거리를 주고 제힘으로 벌어서 쓰게 한다.
③ 등교: 등교 시간은 오전 8시 15분으로 11시 30분까지며 오후는 1시부터 4시까지 하되 뛰고 떠들면 안 된다.
④ 종 치는 시간: 학교에 나올 때나 수업을 할 때나 쉴 때는 반드시 종을 울린다.

다음으로 1886년 우리나라 교육사상 주목되는 사실은 미국 북감리교회의 여선교사 스크랜턴(Scranton)에 의하여 우리나라 역사상 최초의 여자학교로 이화학당(梨花學堂)이 설립되었다는 점이다. 지금까지는 봉건적 인습에 젖어 여자 교육을 꺼리어 피하여 왔던 조선 사회의 관념에 비추어 볼 때 이것은 일대 혁명적 사실이라고 볼 수 있다. 여러 난관은 학생 모집에서부터 시작된다. 스크랜턴 여사는

---

111) 배재학원 편, 『배재 80년사』, 배재학원, 1965, pp.52~54.

사방으로 다니며 학생 모집에 열중하였으나 이것은 동짓달에 꽃을 보려는 어려움이었다. 아무도 그에게 딸을 안 내어 줄 뿐 아니라, 다른 사람까지도 못 내놓게 방해를 하고 비난하는 사람이 많았다. 스크랜턴 여사는 서양 도깨비라는 뒷손가락질을 받으며 아이들을 모으러 다녀야 했다.112)

최초의 학생이었던 김모라는 벼슬아치 소실은 그나마도 3개월 후에 물러가고 갖은 고생 끝에 겨우 구한 것이 당시 호열자에 걸려 양국병원(洋國病院) 보구여관(普救女館)에서 치료를 받던 어머니와 같이 온 어린 정랑아(情娘兒)인 아홉 살 난 별단이라는 아이였다.

스크랜턴 여사의 끈기 있는 노력으로 그해 11월에 교사(校舍)를 이전하게 되었으며, 이때 학생 수는 4명이었다. 다음 해 1887년 학생 수는 7명으로 늘었으며, 이때 명성황후로 추존된 민비(閔妃)가 이화학당이란 교명을 하사하니 현재 이화여자대학교의 명칭이 이때 확립되었다. 이 학교의 성격은 중등 정도를 목표로 하였다. 교육과정은 처음에 주기도문과 예수 사랑하심의 찬송가를 영어로 배우고 예배 보는 것이 주였으나 이후 영어, 산수, 언문(諺文) 창가, 역사, 영어 문법, 글씨 쓰기, 『천자문』, 『동몽선습(童蒙先習)』 등을 배우고 매일 성경 시간을 중요시하였다. 이화학당의 특징은 근로 사상을 넣어 주었으니 돈을 벌어서 공부하는 풍습을 가르치는 동시에 자립 자력의 정신을 길러주는 건전한 교육 사상이었다.113)

1898년에는 캠벨 부인(Mrs. Josephine P. Campbell: 1852-1920)이 서울에 배화학당(培花學堂: 현 배화여학교)을 설립하였다. 그 이

---

112) 노천명, 『이화70년사』, 이화여자대학교출판부, 1956. p.26.
113) 노천명, 『이화70년사』, 이화여자대학교출판부, 1956. p.34.

후 우후죽순처럼 여러 학교가 생겨났다. 1886년 이화학당보다 늦게 서울에 고아원 겸 학교가 선교사에 의하여 또 하나 설립되었으니, 이것이 오늘날 경신학교(儆新學校)의 전신이다. 한국 초대 장노교파의 선교사로 내한한 언더우드(H.G. Underwood: 1859-1916)는 한국에 선교 사업과 동시에 청년 자제를 교육 양성함이 필요하다고 인정하여 학생들을 전원 기숙사에 수용하여 먹고 자고를 같이 하는 고아원의 성격을 지닌 구세학교(救世學校)를 정동에 설립하였다.

이어서 이들 교파에 의하여 여학교도 부설되니 이것이 오늘날 정신여자중고등학교의 전신이다. 이 학교는 1886년 국립병원 간호부로 내한한 엘러스(A.J. Ellers: 1862-1938)에 의하여 위 구세학교의 부대 사업으로 생겨났다. 하지만 엘러즈 부인은 신병으로 이 일을 계속하지 못하였고, 하이든(Mary E. Hayden)을 거쳐 언더우드 부인이 맡게 되었다. 언더우드 부인은 「도리 양의 지도 밑에 있는 이 여학교의 학생은 이제 8세가량 되는 여아 9명이었다. 그들은 할 수 있는 대로 자기의 일은 자신이 스스로하고 있으며 한국식으로 음식을 만들고 옷을 만드는 일을 배우고 있다. 외국식 교육을 함으로써 이들이 한국 가정에 맞지 않는 교육을 받는 것은 잘못이라고 생각한다」114)라고 하고 있다. 선교들도 한국 여아 교육에 대해 「우리의 목적은 그들을 기독교적 한국인으로 만드는 데 있지 않다」115)라고 말하고 있다. 이와 같이 한국식 인습에 맞는 기독교인을 양성하는 것을 목적으로 한 것이다.

이상과 같은 선교사들에 의한 학교교육은 한국교육사상 새로운

---

114) 오천석, 『한국신교육사』 현대교육총서출판사, 1964, p.27.
115) 오천석, 『한국신교육사』 현대교육총서출판사, 1964, p.61.

교육적 전통을 세우고 전통을 깨뜨리는 데 더없이 큰 업적을 남겼다는 점에서 그 의미가 있다 하겠다. 선교사에 의한 북한에서의 교육사업은 자료난으로 소개하지 못하게 됨을 양해해 주시기 바란다.

2. 국가에 의한 근대 학교(육영공원) 설립

조선 정부에서도 근대화의 발전을 위한 교육의 노력이 생겨나고 있는 것을 볼 수 있었다. 그것은 육영공원(育英公院)이라는 일종의 근대적 학교교육이다. 1882년 한미조약(韓美條約)이 체결되고 2년 후 정부의 보빙대사(報聘大使)로 미국을 방문한 민영익(閔泳翊)은 미국 문명의 탁월함을 임금에게 보고하는 동시에 현대식 학교의 설립을 제의하였다. 이와 거의 동시에 중국 이홍장(李鴻章)의 권고도 있어 조선 정부는 1886년 미국 정부에게 이러한 학교를 세우고 가르칠 수 있는 미국 청년 3명을 추천해 줄 것을 요청하였다. 그 결과로 추천받은 청년은 뉴욕에 있는 유니온(Union) 신학교 학생인 조지 길모어(George W. Gilmore), 번커(D.A. Bunker) 및 호머 헐버트(H.B. Hulbert) 등 3명이었다.

정부는 이해 6월에 이들 미국 선교사 3명을 중심으로 하여 신식 교육기관인 육영공원을 설치하는 동시에 내외아문(內外衙門) 중요 관리 등의 아들, 사위, 동생, 조카 중 선별된 사람들에게 각종 신학문을 배우게 하였다. 이에 8월 1일 육영공원의 「설학절목(設學節目)」이 발표되었다. 절목에 따르면, 이 학교는 내무부(內務府) 수문사(修文司) 당상(堂上)이 사문을 주관하고 구조로서 좌우양원(左右兩院)을 두어 좌원에는 연소한 과거 출신으로 원문에 조리가 밝고 문벌이 좋으며 뛰어난 재주 있는 자를 선발하여 정원 10명으로 하고, 우원은 나이 15세에서 20세 내외의 재질총혜(才質聰慧)한 자를 우선 충당하되 정원 20명으로 하였다.

교육 내용을 살펴보면「학습차례(學習次例)」, 즉 학습 순서라 하여 다음과 같이 나열하고 있다. ① 독서, ② 습자, ③ 학해자법(學海子法: 읽기 쓰기법 학습), ④ 산학(算學), ⑤ 사소습산법(寫所習算法: 베껴 쓰기와 계산법), ⑥ 지리(地理), ⑦ 학문법을 기본으로 학습하고 난 뒤에「소학제조(所學諸條)」라 하여 ① 서로 대질법(大質法), ② 각국 언어, ③ 제반학습 첩경역학자(諸般學習 捷徑易學者), ④ 격영만물(格影萬物: 의학, 농리, 지리, 천문, 기기(機器) 등), ⑤ 각국 역사, ⑥ 정치(각국 조문과 실용 병기술 및 금수초목(禽獸草木)가 있었다.

「학사행정(學事行政)」을 살펴보면 묘시 즉 오전 5시부터 7시까지 학습하고 신시(申時), 즉 오후 3시부터 5시까지는 보람이 있는 결과를 거듭 공부한다. 그리고 토요일 오후는 휴강이며 일요일 또한 모두 휴강, 한식과 추석에는 전후 각 1일씩 휴강하고 또 하기 방학은 초복부터 말복까지 하여 음력절후(陰曆節候)에 맞추었다. 동시에 양력으로 성탄절을 중심으로 한 몇 가지 경절(慶節) 국경일을 지키게 했다. 수업 연한은 옛날 학교교육과 같이 제한이 없고 시험제도는 매월 종시험을 월과계고(月課季考)라 하여 수문당상(修文堂上)과 교사가 맡아 다스리고 매년 종시(終試)를 세시(歲時)라 하여 내무총변까지 구관감장(句管監場)하게 되었으며 매 3년에 대고(大考)를 거행하는데 이때는 총리대신까지 구관감장에 당하도록 되어있었다. 따라서 매 3년 거행하는 대고에 급제하면 일단 졸업으로 간주하였다.116)

이들의 경비는 호조와 선혜청의 공동 책임 아래 육천량씩 지급하게 되었다. 이것은 1인당 2백량의 교육비를 의미하는 것이다.117)

이상과 같이 국가의 노력에 의한 육영학교는 입학대상이 귀족 자제로서 일반 평민은 그 대상에서 제외되고 있다는 점과 그 교육과정에 있어서 역시 구교육의 과목에서 별로 발전하지 못하였다는 점, 특히 우리 한글이 교육과정에서 제외되고 있다는 점 등으로 보아 구교육의 전통을 완전히 벗어나 진보하지 못하고 종래 성균관에 준하는 일종의 귀족 학교 성격을 가지고 있었다는 것을 알 수 있다.

이것은 당시 개혁정치를 위한 조선 정부의 사상적 관념의 일면을 보여준 것이다. 따라서 이 학교 설립 초기의 호의적 태도는 점차 해이하게 되었으며, 학교 행정을 남낭하는 사들의 소극적 태도가 나타나고 학생들 자체도 서양인에 대한 회의적인 양반 귀족 자제들임에 따라 자연히 학교 출석률이 나빠지고 그 교육방침에 대하여 반항적인 태도를 취하였다. 이에 1889년 1월 고종은 육영공원 운영 책임자로 하여금 좌원생(左院生)에게는 3일에 한 번씩 출석하도록 하고, 우원생(右院生)에게는 과목독학(課目篤學)을 엄수시키도록 하였다. 또 이달 20일까지 20세 미만의 총명하고 우수한 사람들의 명단을 제출하도록 하였다.118)

그러나 이는 큰 효과를 보지 못하고 그 후 얼마 가지 않아 초대 서양인 교사 3명은 학교와의 관계를 끊게 되며 육영공원은 교육기관으로서의 기능을 잃게 되었다. 그 이후 몇 년 뒤 왕실 특히 민비는

---

116) 『조선사』 권23, 고종23.
117) 진단학회, 『한국사』 제5권(최근세편), 1959, p.920.
118) 『고종실록』 권26, 26년(1889) 1월 13일.

육영공원의 쇠퇴를 유감으로 여겨 1889~95년경 새 학교를 일으킬 뜻을 가지고 언더우드에게 그 계획과 예산을 꾸릴 것을 의뢰하는 동시에 교지까지 마련하고 교사를 미국으로부터 초빙하여 올 것을 부탁하였다.[119] 그러나 왕실의 대사권으로 학교 부흥 계획은 멀리 떠나갔다. 생각건대 육영공원은 조선의 학교가 구교육에서 신교육으로 발전하는 과정에 있어 교량적인 역할을 하였으며, 관립학교 최초로 서양의 교육과정에 준하고 있다는 데서 교육사적 의미가 있다.

3. 국가의 노력에 의한 근대 학교 제도

1) 신학제를 만듦

근대화를 위한 혁신 정치인 갑오개혁은 교육에도 그대로 반영되고 있었다. 즉 1894년 6월 6조(六曹)를 개편한 8아문(八衙門) 중 학무아문(學務衙門)[120]은 국내의 교육 학무 등을 관장하는 문교 행정기관으로서 내부적 구조로는 총무국과 성균관 및 상교서원사무국(庠校書院事務局), 중학교, 대학교, 기예 학교, 외국어학교 및 전문학교에 관한 사무를 관장하는 전문학무국과 사범학교에 관한 사무를 관장하는 보통학무국, 국문철자, 외국어 번역 및 교과서의 편찬 등 사무를 관장하는 사무국 등을 두고 있다. 이로 보면 근대 학교 개설을 위한 노력이 갑오개혁의 초부터 관심의 대상이 되었던 것을 알 수 있다. 즉 우리나라에서 가장 최초로 소학교, 중학교, 전문학교, 사범학교, 대학교,

---

119) L. H. Underwood, *Fifteen years among the top knots or life in Korea*, 1904, p.94.
120) 후일에 학무(學務)로 개칭되었다.

기예 학교 등의 근대 학교 설치에 대한 계획을 발표하고 있음을 위의 직제(職制)에서 알 수 있으며, 실제로 다음 달에 학무아문에 있어 영재교육의 시급함을 강조하고 소학교와 사범학교를 세워 종래 교육의 계급의식을 불식하고 양반과 평민의 구별 없이 밝고 뛰어난 인재가 모이기를 밝히며 장차로는 대학과 전문학교를 열 것을 약속하고 있다.[121) 또한 학무아문의 내부적 구조인 편집국은 위의 학제에 응하는 새로운 교과서 편찬을 임무로 하고 있다. 이것은 신교육을 위한 새로운 교육철학을 모색하려는 노력으로서 그 의의 또한 크다.

동시에 같은 날 산정한 내정 개혁 방안 강목 중 제5조는 교육에 대한 당시 국가의 관심을 반영하고 있다. 여기서 교육제도를 확정한 것을 약속하고 있으며 그 세목으로 ① 시세를 참작하여 학제를 산정하고 각 지방에 소학교를 설립하고 자제를 교육시킬 것 ② 소학교 설립과 준비를 기다려 점차로 중학 및 대학을 설립할 것 ③ 학생 중 규칙·명령 등을 지키는 자를 선발하여 외국에 유학시킬 것[122)을 규정하였다.

그 후 개혁정치의 하나로서 조선 사회에서 학교교육이 떨치지 못한 직접적인 원인인 과거제의 폐지가 나타나고 있으며, 또 새로운 근대사상의 수입을 위한 해외 유학생의 파견이 중요한 안건으로서 고종의 「홍범(洪範) 14조」 중의 한 조목을 차지하고 있으니, 교육에 대한 당시 국가의 관심은 더없이 크다고 하겠다. 이와 같이 국가의 교육적 관심과 당시 근대 학교교육의 성격은 갑오개혁이 있었던 다음 해인 1895년 2월에 공포된 고종의 교육조서(敎育詔書)에 잘 나타나 있다.

---

121) 오천석, 『한국신교육사』, 현대교육총서출판사, 1964, p.66.

122) 진단학회, 『한국사』 제5권(최근세편), 1959, pp.232~233.

2) 고종의 교육조서

교육조서는 실용적 근대 교육을 통해 부국강병을 달성하려는 의지가 반영된 것으로 스펜서의 지육·덕육·체육의 삼육론과 같이 덕양(德養)·체양(體養)·지양(智養)을 주장하고 있다. 이 내용이 포고된 1895년 2월 2일(음력)은 2차 김홍집 내각의 집권기로, 총리대신 김홍집, 내무대신 박영효, 학무대신 박정양의 명의로 『관보』(개국 504년 2월 2일자)에 수록되었다. 그 내용은 다음과 같다.[123]

〈 고종의 「교육조서」 전문 〉

짐(朕)이 생각하건대 조종(祖宗)께서 업을 시작하시고 통(統)을 이으사 이제 504년이 지났도다. 이는 실로 우리 열조(列朝)의 교화와 덕택이 인심에 젖고 우리 신민(臣民)이 능히 그 충애(忠愛)를 다한 데 있도다. 그러므로 짐이 무한히 큰 이 역사를 잇고자 밤낮으로 조심하여 조종의 견 훈을 받드니 너희들 신민은 짐의 마음을 본받을지어다. 오직 너희들 신민의 조선(祖先)은 또한 우리 조종이 보육한 어진 신민이었고 너희들 신민은 또한 너희들 조선의 충애(忠愛)를 잘 이었으니 또한 내가 보육(保育)한 어진 신민이로다. 짐(朕)과 너희들 신민이 힘을 합하여 조종(祖宗)의 큰 터를 지켜 억만 년 아름다운 명을 맞아 이어가야 할 것이로다. 아아! 짐이 가르치지 아니하면 국가가 공고하기를 바라기 심히 어렵도다. 온 세계의 형세를 살펴보건대 부하고 강하며 독립하여 웅시(雄視)하는 모든 나라는 모두 인간의 지식이 개명하였도다. 이 지식의 개명은 곧 교육의 선미(善美)로 이룩된 것이니 교육은 실로 국가를 보전하는 데 근본이라 하겠도다, 그러므로 짐은 군사(君師)의 자리에 있어 교육의 책임을 스스로 지노라. 또 교육은 그 길이 있는 것이니 헛된 이름과 실용을 먼저 분별하여야 할지로다. 독

---

123) 『문헌비고』 권209, 學校考8.

서나 습자로 고인의 찌꺼기나 줍기에 몰두하여 시세대국(時勢大局)에 어두운 자는 비록 그 문장이 고금을 능가(凌駕)할지라도 쓸데없는 서생(書生)에 지나지 못하리로다. 이제 짐(朕)이 교육의 강령(綱領)을 보이노니 헛이름을 물리치고 칠용을 취할지어다. 곧 덕(德)을 기를 것이니 오륜(五倫)의 행진을 닦아 속강(俗講)을 문란(紊亂)하게 하지 말고 풍교(風敎)를 말식(抹植)하며 인세(人世)의 질서를 유지하고 사회의 향복(享福)을 증진시킬 지어다. 다음은 몸을 기를지니 동작을 똑똑히 하고 근로(勤勞)와 힘써 행함을 주로 하며 게으름과 편안함을 탐하지 말고 괴롭고 어려운 일을 꾀하지 말며 너희의 근육을 굳게 하고 뼈를 튼튼히 하여 강장(康莊)하고 병 없는 약을 누려 받을지어다. 다음은 지(知)를 기를지니 사물의 이치(理致)를 궁구(窮究)하고 성을 이룩하여 좋고 미운 것과 옳고 그른 것과 길고 짧은 데서 나와 남의 구역을 세우지 말고 자세히 연구하고 널리 통하기를 힘쓸지어다. 그리고 한 몸의 사(私)를 꾀하지 말고 공중의 이익을 도모할지어다. 이 세 가지는 교육의 강기(綱紀)이니라. 짐(朕)은 정부에 명하여 널리 학교를 세우고 인재를 양성하여 너희들 신민(臣民)의 학식으로써 국가 중흥(中興)의 대공(大功)을 세우게 하려 하노니 너희들 신민은 충군(忠君)하고 위국(爲國)하는 마음으로 너희의 덕(德)과 몸과 지(知)를 기를지어다. 왕실의 안전이 너희들 신민의 교육에 있고 국가의 부강도 또한 너희들 신민의 교육에 있고 국가의 부강도 또한 너희들 신민의 교육에 있도다. 너희들 신민이 선미(善美)한 지경에 이르지 못하면 어찌 감히 그 책임을 다하였다 할 수 있고 또한 너희들 신민이 어찌 감히 교육의 도에 마음을 다하며 협력하였다 할 수 있으리오. 아비는 이것으로써 아들을 고무(鼓舞)하고 형은 이것으로써 아우를 권면(勸勉)하며 벗은 이것으로써 벗의 도움의 도를 행하고 분발하여 멎지 말지어다. 국가의 분한을 대적할 이가 오직 너희들 신민이요 국가의 수치를 당하고 뉘우침을 막을 이 오직 너희들 신민이요 국가의 정치와 제도를 닦고 지울 이가 또한 오직 너희들 신민이니 이것은 다 너희들 신민의 본분이로다. 학식의 등급으로 그 공효(功效)의 고하(高下)를 아뢰되 이러한 일로 상(上)을 위하는 데는 비록 사소한 결단이 있더라도 너희들 신민은 또한 오직 말하기를 너희들의 교육이 밝지 못한 탓

이라고 하며 상하가 마음을 같이 하기를 힘쓸지어다. 너희들 신민의
마음이 곧 짐(朕)의 마음이니 힘쓸지어다. 진실로 이와 같을진대 짐은
조종(祖宗)의 덕광(德光)을 사방에 날릴 것이요, 너희들 신민 또한 너
희들 조선의 어진 자식과 착한 손자가 될 것이니 힘쓸지어다.[124]

이와 같은 고종의 조서가 발표되고 2개월 후인 1895년 4월에 우리
나라 처음으로 소학교 교사 양성을 위한 「한성사범학교 관제」가 발의
하고 이후 이것을 계기로 하여 「외국어학교관제」, 「소학교령」, 「중학
교관제」 등 학교 규정이 발표되었다. 이것을 정리하면 다음과 같다.

<표 3-3> 각종 학교의 관제 발표 일자

학교교육 관련 법규	발표 일자
한성사범학교관제	1895년 4월 16일
외국어학교관제	1895년 5월 10일
성균관관제	1895년 7월 2일
소학교령	1895년 7월 11일
한성사범학교규칙	1895년 7월 23일
성균관경학과규칙	1895년 8월 9일
소학교규칙대강	1895년 8월 12일
보조공립소학교규칙	1896년 2월 20일
의학교관제	1899년 3월 24일
중학교관제	1899년 4월 4일
상공학교관제	1899년 6월 24일
외국어학교관제	1900년 6월 27일
농공상학교규칙	1904년 6월 8일

---

124) 『문헌비고』 권209, 學校考8.

이상의 학교 규칙·관제 등 신학제에 의해서 각 지역에 다양한 근대 학교들이 개교하게 되었다.

4. 민족의 자각에 의한 사학 설립 운동

1) 선각자의 교육이 대본임을 인식

제국주의 일본은 영국의 도움을 받아 1894년 청일전쟁의 침략적 야심을 갑오경장(甲午更張)이라는 이름하에 더욱 적극적으로 나타낸다. 이것이 1904년 러일전쟁과 결부하여 일어난 「한일의정서」와 그 다음 해 1905년 강제 을사조약(乙巳條約)에 의하여 노골적으로 표면 되었을 때 우리 민족의 분노는 극악에 달했던 것이다. 이와 같은 일본 제국주의의 침략적 야심에 대하여 민족의 자각을 요구하는 민족운동은 여러 가지 형태로 전개되었다. 즉 갑오경장 2년 후 1896년에는 미국 유학생이던 서재필(徐載弼), 윤치호(尹致昊) 등에 의하여 독립협회(獨立協會)가 조직되어 독립 정신을 널리 떨치게 했으며, 특히 이들에 의하여 발행한 「독립신문」은 조선의 독립을 위한 사회 대중의 공통된 의견을 반영하여 그 뜻을 불러일으키고, 민족의 각성을 촉구하는 최선봉으로 그 역할을 하였다.

또한 광무(光武) 2년(1898)에는 만민공동회(萬民共同會) 또는 관민공동회라고 불리는 민중 대회가 개최되어 외세의 침략에 대한 민족의 각성과 입헌국가로서의 국가 법질서 개편을 위한 운동이 발생했던 것은 주목된다. 이어서 1898년 「제국신문」과 「황성신문」이 발행되었고 이어서 1905년에는 「대한매일신문」이 발행되어 독립을 위한 민족의 각성을 재촉하였다. 또한 1905년 5월에 민권의 신장을 슬로건으로 하는 헌정연구회(憲政硏究會)가 조직되고 동년 11월에는 대한구락부(大韓俱樂部), 이듬해 4월에는 장지연(張志淵), 심선성(沈宣性)을 중심으로 대한자강회(大韓自强會)가 조직되었다.

이 대한자강회의 뒤를 받아 1907년 11월에는 유근(柳瑾), 장지연(張志淵) 등의 발기로 대한협회가 조직되었다. 이 단체는 종래의 운동과는 달리 천하에 알려진 인민대중에 기방을 두고 진보적인 애국인사를 총망라한 정치단체로 한민족에 의한 항일애국단체의 첫 형태이며 그 표면에 나타난 중장 기타에 대하여 높이 평가해야 할 것이다. 이 운동은 서북학회(西北學會)와 합동한 뒤에는 안창호(安昌鎬), 이동휘(李東輝) 등이 입회하였으며 임원들은 대부분 이후 조선독립을 위한 민족운동의 선봉에 서서 항일 독립운동의 주역을 담당하게 되니 당시 대한협회의 성격이 항일대동단결체였음을 보여주는 사례라 하겠다.

또한 1907년 일본에 국책을 빌린 것을 회복하려는 민족적 각성이 금연에 의한 국채보상운동으로 발전하려고 하였다. 이것은 일본으로부터 채무 1,300만 원을 갚으려는 범국민적 운동으로서 초기 항일운동과 국권 신장을 위한 국민적 각성의 일환으로 발생하였다.

그러나 이와 같은 국민적 각성이 가장 잘 반영되었던 것은 학교교육으로서, 초기의 모든 언론기관과 정치 문화 등 모든 단체의 강령은 조선의 앞날을 위한 자체의 실력 배양으로 교육을 크게 강조하였다. 또한 이들의 활동에 있어서도 조선 국민으로 하여금 새로운 국가 동맥으로 교육에 관심을 가질 것을 불러일으켰던 것이다. 그 예로 「독립신문」의 논설 한 편은, 「조선 사람들을 동양 각국 사람들과 비교하여 보면 청나라 사람보다 더 총명하고 부지런하여 정직하고 일본 사람보다는 크고 체격이 더 튼튼히 생겼으니 우리도 교육을 잘하여 의복, 음식, 거처에 학문이 있게 하면 동양 중에 제일가는 민족이 될 터이니 따라서 나라도 제일가는 나라가 될 수 있지 않느냐」125)라고 외쳐「교육이 국가의 대본(大本)」임을 강력히 주장하고 있다.

2) 선각자의 각성에 의한 사립학교 설립 운동

앞에서 이미 논술한 바와 같이 조선의 운명이 쇠하여 퇴폐하자 민족의 각성은 점차 교육에 대한 관심을 불러일으켰다. 따라 학교교육은 자주독립 국가를 건설하기 위한 기초적 동맥으로 보편화하는 경향을 띠게 되었다. 특히 이와 같은 경향은 나라의 운명이 쇠하는 데 반하여 더욱 적극화되고 또 민족의 자주독립을 위한 지식 계급의 사회적 여론을 불러일으킴과 더불어 더욱 촉진되었다. 교육에 대한 이와 같은 관심은 결과적으로 학교로 향하는 아동의 수적 증가를 가져오게 되며, 동시에 기독교 선교사들에 의한 선교 사업과 민족의 자주독립을 위한 민족적 각성과 결부하여 학교 설립이 급속도로 증가하기 시작하였다. 조선 근대화 초기부터 배재학당, 이화학당 등의 학교를 세워 근대 학교 운동의 단서를 열었던 선교 계통의 교육 사업은 갑오경장 후 더욱 활발하게 일어나 종교의 세력 범위가 넓어짐에 따라 교육 사업도 전국적인 규모로 확대되었다.

이들 선교계 학교 설립을 계통에 따라 살펴보면 다음과 같다. 감

---

125) 진단학회, 『한국사』 제5권(최근세편), 1959, pp.830~836.

리교는 1894년 평양에 광성학교(光成學校)와 숭덕학교(崇德學校)를 설립하고 같은 해 서울에 공옥학교(攻玉學校)를 설립하였으며 다음 해 역시 신군학교(信軍學校)[126]를 설립하였다. 1898년 남감리교파에 의해 서울 배화학당(培花學堂)이 설립되었고, 평양에 우리나라 최초의 특수학교인 맹아학교가 감리교파에 의해 설립되었다. 1903년 원산의 루씨학교(樓氏學校)와 공주의 영명학교(永明學校)도 역시 이들에 의하여 설립되며, 1904년 남감리교파에 의하여 개성에 호수돈학교가 설립되었고, 이들은 모두 후일 명문 학교로 발전하였다.

선교 계통으로 장로교파에 의한 학교 설립도 활발하였다. 즉 1895년 서울의 정신여학교(貞信女學校)와 부산 동래의 일신학교(一新學校)가 설립되었으며, 1897년 지금의 숭실대학교의 전신인 숭실학교(崇實學校)가 설립되었고, 1898년 재령의 명신학교(明信學校), 1903년 평양의 숭의학교(崇義學校)와 목포의 정명학교(貞明學校), 1904년 원산의 진명학교(眞明學校) 등도 장로교파의 선교 사업으로 설립된 것이다. 조선 사회에 오랜 기반을 가지고 있었던 천주교 선교회에서 설립한 학교도 있어 주목되는데, 즉 천주교신학교와 고아원 및 방계 남자학교가 그것이다.

다음은 조선인의 손으로 민족적 각성에 의해 나타난 근대 학교의 설립 운동이다. 1895년 민영환(閔泳煥)에 의하여 처음으로 흥화학교(興化學校)가 설립되었다. 이는 조선인에 의하여 설립된 최초의 근대 사립학교이며 내부 조직으로 심상과(尋常科), 특별과(特別科), 량지과(量地科) 등을 두고 주로 영어·일어 외에 측량술도 가르쳤다. 1900년 황성신문(皇城新聞)에 「심상과·특별과·측량과 3과에 학생

---

126) 후에 흥인배화학교(興仁培花學校)로 개칭하였다.

수가 130명이라」127) 한 것을 보면 그 규모가 결초 위의 선교사 계통의 학교에 비하여 손색이 없었던 것으로 보인다. 1895년 흥화학교가 세워진 다음 해인 1896년 민영기(閔泳琦)에 의하여 중교의숙(中橋義塾)이 설립되었다. 그 후 1901년 서광세(徐光世) 외 몇 명이 낙연의숙(絡淵義塾)을 세워 민족교육을 널리 떨치게 했으며 학교는 후일 보광학교(普光學校)로 개명되었다. 특히 이 학교는 그 자체 내에 사범과를 개설하여 민족교육의 선봉에서 교사 양성에 힘쓴 것은 주목할 만하다.

1902년에는 우산학교(牛山學校)가 설립되었으며 1904년 상동교회 목사 전덕기(全德基)가 설립한 청년학원은 당시 이준(李儁), 이상설(李相卨), 이동녕(李東寧), 김진호(金振澔), 이승훈(李昇薰) 등이 주동 인물이 되어 조직한 비밀결사(祕密結社)인 독립운동단체 신민회(新民會)의 기관 학교로서 조국의 자주독립 사상을 고취하기 위한 민족적 자각의 발로에 의하여 결집된 학교였다. 이 밖에도 민족독립을 구국운동의 일환으로 서울에 광흥학교(光興學校), 시무학교(時務學校), 적용학교(適用學校) 등이 이 시기에 설립되었으며 인천의 제수학교(齊修學校)를 비롯하여 유림(儒林) 또는 사회 유지에 의하여 설립된 사립학교도 적지 않았다.

이러한 상황에서 1908년 전국적인 학교 수는 경성시내의 약 100교를 위시하여 5,000교에 달했으며 학생 수도 20만 명에 이르렀다.128) 특히 이와 같은 학교 설립 운동은 서북 지방에 더욱 적극적으로 나타나 평안도에 약 2,000교의 사설 학교가 설립되었으며 선천

---

127) 「황성신문」, 1900년 7월 13일.

128) 조선총독부, 『朝鮮, 保護及倂合(조선, 보호 및 병합)』, 조선총독부, 1918. p.378.

(宣川) 지역에만 100여 개나 세워졌던 것이다.129) 이 학교들은 시설이 아직 갖추지 못했으나 그 성격이 민족운동의 일환으로 나타났다는 데 있어서는 일치한다.

이 시기에 설립된 대표적인 학교를 자세히 조사하면 1905년 오늘날 고려대학교 전신인 보성전문학교를 비롯하여, 보성학교이 이용익에 의하여, 그리고 엄주익(嚴柱益)에 의해 설립된 양정의숙(養正義塾)이 있다. 또 한성법학교(漢城法學校), 광성실업학교(光成實業學校) 등이 설립되었으며 1906년에는 휘문의숙(徽文義塾)이 민영휘(閔泳徽)에 의하여 설립되고 또 진명의숙과 숙명의숙, 그리고 양규의숙(養閨義塾) 등이 설립되었다. 1907년에는 이승훈(李昇薰)에 의한 오산학교(五山學校), 최규동에 의한 중동학교(中東學校), 서북학회의 인사들이 중심이 되어 설립한 오성학교(五星學校), 안창호(安昌浩)에 의해 대성학교(大成學校)를 비롯하여 봉명학교(鳳鳴學校), 정리사(精理舍) 등이 설립되었다. 1908년에는 오늘날 동덕여자중고등학교의 전신인 동원여자의숙(同媛女子義塾)이 조동식에 의하여 설립되었고, 이를 비롯하여 보인학교(輔仁學校)와 대동전수학교(大同專修學校) 등이 설립되었다. 이 시기에 종교적 목적에 의한 선교 계통 학교도 조금 더 늘었지만, 이들 학교보다도 국권회복을 바라는 학교들이 더욱 활발하게 설립되고 있다는 점에서 이 시대의 교육사적 특징을 발견할 수 있다.

---

129) 「대한매일신보」, 1906.3.18.

제9절

을사조약에 대항한 민족교육

1. 민족교육에 대한 종합적 소신(所信)

민족은 영원한 생명체이다. 역사와 문화의 공동성에 중심을 둔 사회적 결합으로서의 민족의 개념은 한국에 있어서는 오랫동안 함께 겪어 온 정치적·사회적 운명과 언어의 단일성으로 말미암아 특수한 성격을 띠고 있다, 이 역사와 언어의 단일성은 한국민의 공동체로서의 민족·국가 의식을 공고히 하면서 이제까지 이 민족에 접해왔다. 이런 운명체적 공동의식이 이민족의 침략으로 흔들릴 때는 침략자의 국가 의식과 격렬한 투쟁을 벌이기 마련이다. 이를 역사적으로 볼 때 임진왜란·병자호란의 양란에서 받은 우리의 다친 흉터가 뼈와 골수에 사무쳐 그 뒤 한국인의 정신생활에 잠재화되어 있었다. 그러나 19세기부터 다시 이민족의 조직적 침략에 직면하게 되자 민족의식은 새로이 어려운 고통을 겪게 되었다. 일제 36년간 우리의 오랜 투쟁은 무력 및 외교에 의한 경우도 있었지만 안으로는 교육에 의한 바가 크다. 더구나 이 교육도 이민족의 감시 밑에서 어느 때는 현재적(顯在的)으로 어느 때는 음성적으로 진행되었다. 교육에 의한 이러한 투쟁 역시 오랜 우리의 역사 저변에 잠재한 힘(Potential power)에서 우러나온 것이다.

필자는 이 잠재적 힘으로서의 민족의식이 어떻게 교육으로 명예를 세상에 나타내게 되었는지, 그것이 어떻게 생성되고 전개되었으며 이를 통하여 나라의 위태로움을 이겨내는 데 여하히 공헌했는가를 살펴보고자 하였다. 또한 거의 한 세기동안 우리 역사 과정에서 공백 상태인 이 시기를 「민족교육기」로 규정하여 다시 연구하고자 하였다. 그리고 이 시기를 침략자에 의한 수난사(受難史)로 보지 않고 능동적으로 이를 극복한 저항사(抵抗史)로 보고자 한다.

2. 을사조약으로 인한 학교의 수난

1) 학제의 개혁

대한제국은 광무 9년 즉 1905년에 일본과 을사조약(한국의 외교권 등을 빼앗는 다섯 조약문으로 됨)을 맺게 되었다. 따라서 그들의 침략적 야심은 교육에도 그대로 반영되었다. 특히 일제의 침략 정책에 비추어 볼 때 국권회복을 위한 민족교육의 독립사상 고취(鼓吹)를 저지하려는 요소가 있었음은 분명한 사실이다. 그러므로 민족교육의 아성인 사립학교에 대한 정돈과 아울러 그들의 국가 정책에 부응하고 일본 정신을 함양하도록 학제(學制)와 교육과정을 개편하고자 한 것이 분명하다.

1906년 개정 공표한 교육법은 조선 정부의 명칭을 빌린 일본 정부의 침략적 야심의 일면을 드러낸 것으로 이때 발표한 개정 교육법은 1906년 칙령 11호로 공표된 사범학교령을 위시하여 20여 종에 달하게 된다. 여기에서 그들은 갑오경장 후 발생한 학제를 현실에 부합할 수 있도록 한다는 형식적인 명목하에, 실질적으로는 조선을 식민지화하고자 하는 그들의 국가 정책에 부합하도록 재편성하였다. 즉 1906년 8월 27일 칙령(勅令) 제44호로 발표된 「보통교육령」에 의하여 이전의 소학교는 명칭에 있어서 보통학교로 개정되고, 같은 해 고등학교령을 공표하여 이전의 중학교는 고등학교로 그 명칭이 개정된다. 이어 1906년 칙령 제41호로 사범학교령이 공표되어 교사 양성기관에 대한 법규가 일본식으로 개정되고 또 「실업학교령」과 「외국어학교령」을 발표하면서 종전의 학제를 개정하였다.

그리고 고등교육 기관으로서는 1908년 발표한 새로운 학칙에 의하여 이미 존재한 성균관 정원을 30명으로 감축하였다. 이는 조선인 지식 계급의 양성에 의한 지배 계급의 형성을 막기 위하여 갑오경장의 문교 정책으로 발생한 전문학교, 대학교와 같은 고등교육 기관의 설립을 배제하고 겨우 30명을 한도로 하는 데 그쳤던 것이다. 그리고 보통학교 교육을 담당할 교육자 양성기관을 관립 사범학교에만 한정하여 일본 정신을 전달할 수 있는 교육자를 양성하는 것을 목표로 했었다. 우리 민족의 각성을 촉구하려는 목적으로 설립되는 사립 사범학교는 인정하지 않았던 것이다.130) 사립학교로서 보조지정 보통학교가 있었으나 이것도 학부에서 일본인 교사 1명, 한국인 교사 1명 내지 2명을 파견하여 교육을 감독 지도하게 한 반(半) 관립적 성격을 가졌다. 1910년까지 학부의 보조지정을 받은 학교는 모두 41개교였다. 1906년 이래 한국 합병 전년까지 관공립 및 보조지정 보

---

130) 學部, 『韓國敎育』, 1909.

통학교 상황은 살펴보면 다음과 같다.

<표 3-4> 1906년부터 5년간 관·공립 및 보조지정 학교의 상황

종별 년차	관립		공립		보조지정		합계	
	학교수	생도수	학교수	생도수	학교수	생도수	학교수	생도수
광무10년(1906)	9	1,062	13	862	-		22	1,924
광무11년(1907)	9	1,682	41	3,166	-		50	4,847
융희 2년(1908)	9	1,781	50	5,692	-		50	7,743
융희 3년(1909)	9	2,256	51	8,658	31	2,333	91	13,246
융희 4년(1910)	1	263	59	12,469	41	4,214	101	16,946

이에 비하여 고등학교는 여학교를 포함하여 겨우 3개교를 설치함
에 그쳤으며 그나마도 여학교를 제외한 나머지 2개교는 기존 학교
를 재편성한 것에 불과하였다. 즉 종래의 관립중학교를 4년제의 관
립 한성고등학교로 개편하고, 1909년에 다시 관립 평양일어학교를
개편하여 관립 평양고등학교로 했으며 1909년 5월에 우리나라에서
처음으로 관립 한성여학교가 설립되었을 뿐이다. 따라서 전국적으로
보면 남자고등학교는 서울과 평양에 각 1개교 있었을 뿐이며 따라
서 전국적으로 보면 남자 전문학교와 대학교 같은 고등교육 기관은
전무한 상태였다.

2) 교과목에 대한 통제

일제는 민족 각성과 국권회복을 위한 교육 내용을 통제하고 학생
들을 일본 정신에 의하여 재편하려고 노력햇으나 성취할 가능성이
없었다. 이에 교과서 내용을 국정교과서 또는 검인정제로 하여 일본

교육에 필수적인 과목으로 교체하였다. 즉 1905년 학부는 참여관의 감독하에 교과서 편찬위원회를 설치하고 보통학교 교과서 편찬 사업에 착수하는 동시에 1908년에는 학부령 제16호 교과용 도서 금정 규정을 공표하고 각급 학교로 하여금 학부에서 편찬한 국정교과서를 사용하거나 학부대신의 금정을 맡은 교과서를 사용할 것을 명했다. 1909년 보통학교용 교과서 중 수신 4책 국어 8책 산술 4책을 완성하기에 이르렀다.[131]

그러나 이 당시 편찬된 교과서 중 학교교육에서 많은 비중을 가지고 민족 사상을 고취시키는 데 큰 역할을 담당했던 역사와 지리에 대한 교과서가 보이지 않음은 주목할 만한 일이다. 당시 편찬 사무를 맡았던 삼사는 교육상 보통학교 4년의 단기간 동안 역사와 지리를 별개의 과목으로 설정한다는 것이 부적당하기 때문에 앞으로의 교육과정에서는 이를 제외하고 국어와 일본어 과목에서 적당히 다루려고 한다고 변명하지만,[132] 이는 보다 근본적으로 학교교육에서 장차 역사·지리 과목을 제외하여 조선 학생의 민족정신을 말살코자 한 일본의 침략적 정책이 그대로 나타난 것이라 할 수 있다.

3. 사립학교의 통제

갑오경장 이후 급속히 발전한 사립학교는 국권회복을 위한 민족의 각성을 그 배경으로 하고 있다. 따라서 당시 사립학교는 민족교

---

131) 學部, 『朝鮮敎育의 現像』, p.12
132) 高橋濱吉, 『朝鮮敎育史考』, 京城: 帝國地方行政學會, 1927, p.105.

육의 본거지인 동시에 배일사상을 배경으로 하는 가장 튼튼한 발판이었다. 그러므로 일본이 이를 그대로 방관할 수 없었던 것은 당연하다. 그들은 사립학교에 대하여 철퇴를 가하게 되었다. 이것이 1908년 8월 칙령 제62호 공포한 「사립학교령」이다. 이 법령의 요점을 살펴보면 다음과 같다.

① 사립학교의 설립은 학부대신의 허가를 받아야 한다.
② 명령에 위배되거나 유해하다고 인정되는 학교는 폐쇄한다.
③ 이미 인가를 받은 학교라 할지라도 본령 시행일로부터 6개월 이내에 다시 학부대신의 인가를 받아야 한다.

이 법령제정·목적에 대하여 학부는 1908년 8월 도·부·군에 보내는 학부령 제2호로서 발표된 훈령에서 「본령은 단지 사립학교를 구속하려는 것은 아니라 사립학교로서 완전한 것은 더욱 장려하고 손해가 있는 것은 선도하여 그 본연의 목적을 달성할 수 있도록 하는 것이 실로 이 법령의 정신이다」라고 하여[133] 형식적으로 사립학교의 보호와 육성에 그 목적을 둔 것처럼 나타내고 있지만, 실질적으로는 기존 사립학교로 하여금 학부대신의 인가를 받게 함으로써 그들의 정책에 어긋나는 조선인의 구국을 위한 민족교육을 말살하려는 데 목적이 있었을 것이다.

그들은 본령 시행을 설명하며 「사립학교에서 사용하고 있는 교과서 중에 심히 불량한 것과 한국의 현상에 비추어 심히 위험한 것이 허다하다. 이에 대하여 사립학교는 취재를 엄중히 하여 한국의 국시·국정

---

133) 學部「私立學校令」1908年, p.20

또는 진운에 부합하지 않은 교과서는 구속하고 학부 편찬 또는 검정 이외의 도서에 대하여는 사용허가를 받지 않으면 안 된다」라고 말한다.[134] 이와 같이 사립학교령은 민족교육을 말살하기 위하여 교과목을 통제하고 민족교육 대신 그들 국가의 목적에 적응토록 교육과정을 재편하고자 하였다. 본령 10조 사립학교 폐쇄 규정은 다음과 같다.

① 법령 규정에 위배되었을 때
② 안녕질서를 문란히 하고 또는 풍속을 괴란할 우려가 있을 때
③ 6개월 이상 규정의 수업을 하지 않았을 때
④ 제9조에 의한 학부대신의 명령을 위배했을 때

잃은 나라의 주권을 되찾고자 민족교육을 시행하면 이상의 항목에 적용시켜 폐쇄할 수 있도록 한 것이다. 이와 같은 법령은 외국인 선교사에 대해서는 「귀교를 재심하려는 것은 아니다. 다만 서류작성의 수고만 해 달라」라는 식의 설명으로 무마하여 그들이 신청한 종교계 학교 778건은 무조건 인가된 데 반하여, 조선 사람이 신청한 사립학교는 인가 신청 총수 1,217건 중 42건만이 인가되고 나머지 1,175건은 인가하지 않았다.[135] 1910년 5월까지 인가받은 사립학교 823교를 제하면 모두 1,427곳[136]인데, 이것은 사립학교 학교령이 발표되기 전의 학교 5,000여 교와 비교할 때 그 1/4만이 인가를 받고 나머지 3,000여 교가 폐쇄당했음을 알 수 있다. 이것을 보더라도 조선인의 민족교육을 탄압하려는 당시의 교육정책이 충분치 못한

---

134) 高橋濱吉, 『朝鮮教育史考』, 京城: 帝國地方行政學會, 1927, p.106.

135) 조선총독부, 『朝鮮, 保護及併合(조선, 보호 및 병합)』, 조선총독부, 1918, p.158.

136) 보통학교 16개, 고등학교 2개, 각종 학교 1402개이다.

것인가를 알 수 있다. 이러한 현상이 보여주는바, 원래 일제는 제국주의로 타국을 보호할 능력이 없는 빈국인 것이다. 당시 조선 학교는 교육열이 왕성하여 자유로운 서당으로 모여들기 시작하였다.

4. 구교육기관(서당)의 민족교육으로의 변신

서당은 개국 이후 근대교육 시설이 설립되기까지 서민의 초등교육 기관이었다. 따라서 조선 개국 이래 교육 사상의 오랜 전통과 역사를 가지고 있다. 그 기원을 고구려의 경당(局堂)에서 찾을 때도 있다.[137] 이와 같이 서당이 사설 초등교육 기관으로서 본격적으로 발달한 때는 조선시대이며, 특히 그 교육적 기능이나 수에 있어서, 보편화되고 사회적으로 중대한 영향을 미치게 된 것은 조선 중기 이후의 일이다. 교육적인 기능 측면에는 서당이 일반화되어 아동에게 한문의 기초를 가르쳐 향교 또는 사부학당 입학을 위한 준비를 시키는 측면과 순수한 동몽교육으로서의 측면을 가지고 있었다. 『효종실록』에 보면, 성균관 좨주(祭主) 송준길이 「외방향촌이 각각 서당을 세우고, 훈장(訓長)을 정하니, 그 효과가 있었다」라고 말한 것[138] 혹은 유형원(柳馨遠)의 「지금도 또한 면이나 마을 사이에 아이들이 글을 읽는 곳이 있으니, 새로운 학문과 교육 사상에 대한 연구가 활발히 전개되었다」 등이 그 예시이다. 이후 선교사들이 들여온 서구 교육 사상에 바탕을 둔 신교육이 등장하게 됨에 따라, 서당의 교육적 기

---

137) 박상만, 『한국교육사(上)』, 대한교육연합회, 1965, p.121.
138) 『효종실록』 권21.

능은 크게 변화하게 된다.

그러나 오랜 전통적인 기반을 갖고 조선 사회의 정신세계를 지배하여 왔던 유학 사상이 하루아침에 무너진다는 것은 유학자들에게는 생각할 수 없는 일이었다. 오히려 서당에서 유교 사상의 존왕양이(尊王攘夷)를 배웠던 조선의 유생들 및 당시 구교육기관의 학생들은 외래 사상과 외국의 침입으로 국권이 위태롭게 되자 이들이 배웠던 주자학적인 교육철학을 활용하여 이에 반대하고 투쟁하여 국권과 국리(國利)를 보존하려는 민족주의적 선봉에서 활약하기도 하였다. 개화 초기 척왜양창의(斥倭洋倡義)의 선봉에서 민족을 계몽하였던 것도 이 사람들이다.[139]

구교육기관은 1894년 갑오개혁을 기점으로 크게 그 성격이 변화되어 종래의 과거를 위한 준비교육으로서의 기능은 그 사명을 다하고, 새로운 시대에 적응하는 체제로 변모되어 갔다. 성균관은 「경학원 규정」[140]에 따라서 새로이 경학원이라 칭하게 되어 정원 30명을 한도로 하는 새로운 직제로 개편되었고, 교육 내용은 오직 공맹(孔孟)의 가르침을 받들고 충효의 길을 가르치며 한편으로 교육을 통하는 새 지식을[141] 개발하게 한 전대의 주자학 사상만이 아니라 그에 부수하여 근대사상을 흡수할 수 있는 체계로 바뀌었다.

전대의 중등교육 성격을 띠었던 사부학당이나 지방의 향교는 1895년 공포된 소학교령을 위시한 새로운 학교 과제에 따르는 법령이 제정됨에 따라 형식적으로나마 잔명(殘命)해 오던 일생의 교육적 사명

---

139) 국사편찬위원회 편, 『한국독립운동사』, 탐구당, 1965, p.95.

140) 「경학원규정(經學院規定)」은 1911년 10월 공포되었는데, 성균관을 경학원이라 개칭하게 된 규정이다.

141) 岡倉由三郎, 『東方協會會報』第2號, 1894, p.535.

에 마지막을 고하고 말았다. 중요한 것은 초등교육 기관으로서 서당 교육이다. 일찍이 국가의 근대화 정책에 의하여 신교육기관이 설립되고, 일제가 그들의 야심 때문에 이를 강요하게 되자, 한국인들은 이에 대한 반동으로 다시 머리를 길게 땋고 오히려 서당으로 돌아가게 되었다. 당시 「황성신문」 3면 기사에서 전 교원 이강호(李康浩)가 의견을 드린 「설학조규(設學條規)」 제12조의 「설치한 후 3개월이 경과하여도 세력이 있는 부자에서 구습(舊習)의 학당을 별설하고 자제를 취학시키지 아니한 경우에는 1등 학자금 10배를 징출할 사」142)란 규정을 보더라도, 호부가에서 신교육을 기피하고 구 학당으로 만족하려고 했던 당시 교육 시조의 일면을 살펴볼 수 있다.

일제의 침략적 야심이 노골적으로 드러나게 되는 1905년 이후에는 국권회복을 위한 국민운동이 유생들을 중심으로 한 의병운동으로까지 전개되었다. 이 운동이 실패하자 향리로 돌아와 서당을 만들고 교육구국의 일선에서 활약하였다고 기록되어 있다.143) 또한 1908년 사립학교령이 공포되어 민족교육을 말살하고자 하는 일제의 교육정책이 시행되자, 뜻있는 독립 유지들은 이에 저촉을 받지 않는 서당으로 그 교육의 진로를 바꾸어144) 서당을 세우고 민족교육을 전개하였다.

이러한 활동에 의하여 서당 교육은 전국 산간벽지에 이르기까지 도처에 있지 않은 곳이 없을 정도로 확산되었다. 이것은 1910년 각 도(各道) 헌병대장 회의 석상에서 행한 다와라 마고이치(俵孫一) 학

---

142) 「경학원규정(經學院規定)」, 1911년 10월.

143) 국사편찬위원회 편, 『한국독립운동사』.

144) 「사립학교령」 『관보』 40165호.

부차관의 연설에 그대로 나타나고 있다. 「한국은 고래로 학문을 가진 나라이다. 오늘에까지 현재 존재한 서등 또는 서방(書房)이라고 하는 한자의 사습(肄習)을 한 일종의 데라고야[사자옥(寺子屋)]와 같은 것이 도처에 소재치 아니함이 없다」145) 이와 같은 당시의 교육 실태는 국권회복을 위한 민족의 염원을 보여주는 것으로 한국인들이 관공립학교를 기피하고 민족교육의 온상인 사립학교나 구교육기관인 서당으로 통학하였던 것이다.

1910년 제2대 통감 소네 아라스케(曾彌荒助)는 본국 외무대신에게 보고한 한국중앙정황보고서 송부의 건에서 「요사이 도처에 교육열이 갑자기 일어남에도 불구하고 세상 사람 다수는 구학(舊學)에 편승하여 인습이 오래되어 아직 새로운 교육을 이해하는 자가 희소하야 왕왕 보통학교의 취학 권유에 응하지 않는 자가 있는바, 하등의 보통학교에 관한 감상을 엿보면 그때의 형세에 어두운 유도를 닦는 선비와 사립학교 관계자 등이 이들 보통학교를 중상하고 또한 일본어를 교육함이 특히 일본국의 보탬을 위한 것이라 퍼뜨리고 있다」146)라고 한 것은 바로 당시 위에서 논한 한국인의 민족 감정을 반영한 것이다. 따라서 당시 관공립학교의 가장 큰 문제점은 전술한 한국중앙정황보고서에서 「보통학교 개교를 수행함에 곤란한 것은 생도의 모집인 바 교원의 부임 이래 먼저 전력을 생도의 모집에 기울였으나, 부모들은 유학을 존중하는 나머지 신교육을 이해하지 못하였다」147)라고 한 바와 같이 관학에 대한 반대로 생도의 모집이 곤란했음을 알 수 있다.

---

145) 「警務月報」 第1號.

146) 『日本外交文書』 41卷, 「韓國政情視察復命書의 件」, p.9.

147) 『日本外交文書』 41卷, 「韓國政情視察復命書의 件」, p.9.

1908년 사립학교령에 의하여 민족교육을 실시한 많은 사립학교가 폐쇄되자 서당의 수가 상대적으로 더 늘어난 것은 당시 한국인의 민족 감정과 결부하여 생각할 때 당연한 귀결이라 하겠다. 이와 같은 경향은 1910년 한일합방 이후에도 그대로 나타났다. 특히 일제의 식민지 교육정책에 의하여 많은 민족주의 교육기관이 탄압으로 폐쇄됨에 따라 서당과 그 학생 수가 상대적으로 증가를 보인 것이다. 당시 교육 상태는 아래의 표에서 그 실제를 볼 수 있다.

<표 3-5> 식민지 교육정책에 의한 당시의 교육 상태

년도 종별	연도별 서당 상황[148]			연도별 각종 사립학교 상황[149]		
	서당 수	교원 수	생도 수	일반학교	종교학교	계
1911	16,540	16,771	141,604	901	566	1,467
1912	18,238	18,435	169,077	823	494	1,317
1913	29,268	20,807	195,689	800	477	1,277
1914	21,358	21,570	204,101	745	464	1,209
1915	23,441	23,644	229,550	660	422	1,082
1916	25,831	25,831	259,513	883	386	969

위에 인용된 통계에서 보는 바와 같이 1911년부터 1916년까지 사립학교는 연평균 백여 교의 비율로 폐쇄되고 있는 데 반하여, 서당은 연평균 1,730여 개의 비율로 증가하고 있다.

이러한 현상은 당시 식민지 교육정책에 의하여 폐쇄된 민족교육 기관인 일반 사립학교와 이와 같은 요인을 다분히 내포하고 있는 종교계 학교가 일제의 식민지 교육정책 강화에 의하여 폐쇄되자 이들 학

---

148) 『朝鮮總督府 統計年表』, 「(大正7年) 朝鮮人教育機關一覽」, 1918, p.914.
149) 『朝鮮總督府 統計年表』, 「(大正11年) 書堂狀況」, 1922, p.104.

교의 교사와 생도들이 관공립학교로 향하지 않고 서당으로 집결했음을 의미하는 것이다. 따라서 앞부분에 말한 서당의 수적 증가는 신교육에 대한 반동 복고주의(復古主義)가 아니라 일본화 교육에 대한 민족의 항의이며 동시에 국권회복을 위한 민족 각성이었다.[150] 또한 당시 서당 교육에서 주목할 사실은 다음 비교표에서 나타나는 바와 같이 서당 교육의 여학생 진출이다.

<표 3-6> 서당에 재학하는 남녀 학생의 비교[151]

년도 학생 수	학생 수		
	남학생	여학생	계
1911	141,034	570	141,604
1912	168,728	349	169,077
1913	195,298	391	195,689
1914	203,864	297	204,161
1915	229,028	522	229,550
1916	258,614	917	259,531

이것은 개화에 따르는 민족의식과 국권회복의 필요성이 남녀 공동의 염원으로 받아들여진 사회 관념의 변천으로, 이미 서당이 재래의 유학 사상에서 탈피하여 근대교육 사조를 이념으로 삼아 개편되었음을 의미한다. 다시 말하면 서당은 전부터 내려온 한문 습득의 장소가 아니라 민족정기를 내세우고 또한 그들 전통적인 교육 사상인 근왕애국정신(勤王愛國精神), 즉 왕사에 힘쓰는 애국정신을 함양하는 장소로 그 성격이 변화했던 것이다. 즉 서당에서는 한학뿐만 아니라 한

---

150) 최영희, 「3.1운동에 이르는 민족독립운동의 원류」, 『3.1운동 50주년 기념논집』, 동아일보사, 1969, p.41.
151) 『朝鮮總督府 統計年表』, 「朝鮮人教育一覽」, p.104.

국사, 한국 지리 등 여러 책을 교과서로 채택하고 여기에 신교육을 가미하여 독립사상을 가미하였다.

이와 같은 서당에서의 민족교육에 대하여 일부는 일찍이 사립학교령 공포와 더불어 서당에 관한 훈령152)을 발표하여 음성적인 규제를 가하였으며, 1910년 불법적 한일합방 직후 학교·서당의 시찰, 일본어의 보급 등 서당의 교육활동을 직접 헌병·경찰의 임무로 하여 학사 경찰을 통해 서당을 감독하고자 하였다.153)

그러나 이들 서당 교육을 담당하는 교사나 생도들이 전술한 바와 같이 의병(義兵)과 기타 사립학교 교원의 경력을 가졌거나, 존왕양이(尊王攘夷)의 관념을 가진 배일사상이 철저한 유림 출신이라는 점을 감안할 때 일제의 교육 간섭에 그대로 순응하지 아니했을 것은 두말할 것도 없다. 1919년 3.1 운동 때 선봉에서 민중을 지도한 전국 75개소의 각급 학교 단독 주동 지역 중 12개소가 서당 생도에 의한 것이었으며,154) 피검된 인원 19,525명의 교육 성분 중 서당 교육을 받은 자는 3,754명을 차지하고 있다.155) 또한 이 운동을 전국적인 민중운동으로 승화시키는 데 주도적인 역할을 담당한 것도 서당을 중심으로 교육을 받은 민족주의자들이었다.156)

152) 학부,「사립학교령」1908, pp.27~29. 이 훈령에 ② 재래 서당은 주로 한문을 교수하는데 금후 국어(일어)의 중요성으로 보아 국어도 같이 가르치도록 할 것.

153) 小林德治,『明石元二郎 上: 傳記』, 1928, p.449.

154) 김진봉,「3.1운동과 민중」,『3.1운동 50주년 기념논집』, 동아일보사, 1969.

155) 홍이섭,「3.1운동의 사상사적 위치」,『3.1운동 50주년 기념논집』, 동아일보사, 1969.

156) 국사편찬위원회 편,『한국독립운동사 2』, 국사편찬위원회, 1966, pp.400~403.

4부

민족 저항기의 교육

제1절

한일합방 이후의 민족교육

1. 한일합방 이후 민족교육의 새로운 변신

1910년 8월 29일 한일합방을 공표한 일제는 이어서 칙령 제316호로「조선총독부 설치에 관한 건」을 발표하여 한국을 완전한 식민지로 삼았다. 이로써 명치 정부 설립 이래 숙원이던 대륙 정책이 청일 및 노일 양 전쟁에서의 승리로 일보 전진하였으며, 만주 진출과 한국 병합을 단행함으로써 그 기초가 확립되었다.[1] 이른바「동양의 평화를 유지하고 일본제국의 안전을 확보하며[2] 또 일본의 이익을 위함과 동시에 조선의 이익도 위한다[3]」는 소위 일본 위정자들의 병합 성명은 일본이 얼마나 한국과의 병합을 갈망했는가를 단적으로 보여주는 것이었다. 1910년 10월 데라우치 마사타케(寺內正毅)가 조선총독으로 임명받아 옴으로써 식민지 한국에 대한 제반 문제를 결정하게 되었다. 또한 부임하면서「총독부 시정방침」[4]을 발표하여

---

1) 丸山國雄, 『日本近代史』(日本歷史全集 卷13), 三笠書房, 1910, p.279.

2) 釋尾春芿(東邦), 『朝鮮併合史(一名朝鮮最近史 再版), 朝鮮及滿洲社, 1926, p.625.

3) 釋尾春芿(東邦), 『朝鮮併合史(一名朝鮮最近史 再版), 朝鮮及滿洲社, 1926, p.624.

4) 朝鮮總督府(朝鮮功勞者銘鑑刊行会) 編, 『朝鮮功勞者銘鑑』, 民衆時論社朝鮮功勞者銘鑑刊行会, 1936, p.69.

헌병과 경찰에 의한 악명 높은 통치 방법인 무단정치를 한국 지배의 대강령으로 삼았다. 일제는 조선총독의 현임관을 육군 대장 중에서 골라 임명하였다. 그것은 조선의 지배를 무력에 의한 통치로 실행하려고 한 조치였다. 따라서 당시의 총독에게는 천왕이 직접 예속한 아래 조선의 정무와 군무 등을 총괄하는 절대적인 권력이 부여되어 있었다. 이와 함께 총독 밑에 정무총감으로 전 체신대신이었던 야마가타 이사부로(山縣伊三郎)를 임명하고, 헌병경찰의 총사인 경무총감으로는 주둔군 헌병사령관 육군 소장 아카시 모토지로(明石元二郎)를 임명하였다.

인적 구성을 갖춘 후, 총독부는 관제의 정비에 착수하여 중앙에 총독관방의 5부를 두고 그 밑에 20개의 국(局)과 과(科)를 설치하는 한편, 중추원·취조국(取調局)·경무총감부·재판소·감옥·철도국·통신국(通信局)·임시토지조사국·세관·전매국·인쇄국 등의 기구를 설치하였다. 지방에서는 각 도에 장관실·내무부·재무부를 두고 자혜병원(慈惠病院)을 설치하였다. 한편, 지방행정에는 한국인 회유정책의 일환으로 각 도에 참여 관리를 두어 지방 사람들의 반발에 대한 무마책을 썼으며, 약간 명의 도장관의 군수를 친일적인 한국인으로 임명하였다.

대체로 일제가 한국을 식민지화하여 통치하던 35년간, 즉, 1910년부터 1945년 사이의 시대를 3기로[5] 나누어서 고찰할 수 있다.

제1기는 1910년부터 1919년까지로, 일본의 군사력 중에서도 헌병이 치안경찰의 역할까지 담당하여 통치를 하던 군정기이다.

---

[5] 이선근, 「일제 총독부의 헌병 정치와 사상 탄압」, 『한국사상』(제8집).

제2기는 1919년부터 1931년까지인데, 이때는 헌병통치를 대신하여 문화정치를 표방하고 그 실에 있어서는 옷의 색깔만 다르게 한 고등경찰제도를 실시한 경찰들의 통치 기간이다.

제3기인 1931년부터 1945년까지는 일제가 내전 일체의 동화정책에 다시금 황국에 대한 식민지화를 강요하던 시기라고 볼 수가 있다. 이러한 분류는 사람에 따라서 여러 가지 논란의 대상이 될 수도 있겠으나 이 책은 앞서 말한 분류 양식을 따르기로 한다.

따라서 여기서는 초기의 헌병·경찰 기관에 대해서만 취급하기로 한다. 헌병경찰제도는 통감부 시대부터 그 기초를 확립하여 의병(義兵) 탄압의 주력을 담당하였으며 합방이 되자 이 제도를 더욱 확대 강화시켜 한국 내 치안은 사실상 이들에 의하여 다스려졌다. 아카시 모토지로(明石元二郎)가 경무총감으로 임명되면서 주한 헌병과 경찰을 일원화하여 강력한 체제로 정비시켜 헌병 만능 시대를 초래하였다. 이들 헌병이 담당한 역할을 살펴보면 군사경찰·일반행정경찰·사법경찰로서의 임무는 물론, 일본어의 보급·도로의 개수·국고금 및 일반 공금의 경호·식림·농사의 개량·부업의 장려·법령의 보급·납세 보급 의무 이행에 이르기까지 다양하게 관여하였다.[6] 한편 이들의 활동 범위도 한국뿐만 아니라 막대한 기밀비를 써 가며 국제 간첩으로 해외에까지 널리 퍼졌었다. 즉 만주와 러시아령 해삼위(海蔘威)는 물론 중국·북경·상해·남경과 하와이를 거쳐 미국까지 무대를 넓혀 한국 애국지사들의 활동을 봉쇄하기 위한 감시와 박해, 암살을 기도하고 있었다. 이와 같은 헌병경찰제도의 내용을 살

---

6) 小森德治, 『明石元二郎』(上: 傳記), 1928, pp.448~449.

펴보면 다음과 같다.[7]

<표 4-1> 헌병과 경찰의 관서 수 및 인원 통계

헌병관서	1,036개소	합계 1,767개소
경찰관서	731개소	
헌병관서 인원	8,260명	합계 14,089명
경찰관서 인원	5,829명	

위에 인용된 통계만을 보더라도 이 시기는 명실상부한 헌병통치
의 시간이었음을 알 수 있다. 『아카시 모토지로(明石元二郎)』라는
책의 저자인 고모리 도쿠지(小森德治)도 「한국에 있어서의 헌병경찰
제도[8]를 가리켜 일본 개벽 이래 유례가 없는 경찰제도였다」라고 하
였다.[9]

2. 식민지 교육정책의 강화에 따른 민족교육의 심화

일본 제국주의의 한국 통치 초창기인 1910년부터 1919년까지 일
제는 데라우치(寺內), 하세가와(長谷川) 등 두 명의 총독을 파견하여
무력에 의한 한민족의 감시와 탄압을 계속하였다. 이들은 합방 즉시
한국에 대한 네 가지의 중요한 시책을 실시하였다.

---

7) 小森德治, 『明石元二郎』(上: 傳記), 1928, pp.481~482 (警備の發達) 참조.

8) 小森德治, 『明石元二郎』(上: 傳記), 1928, p.481.

9) 다보하시 기요시(田保橋潔)의 저서는 미간행 교정본으로 동국대학교 총장이었던 이선근 박사가
소장하고 있다. 이 박사의 논문으로 「일제 총독부의 헌병 정치와 사상탄압」, 『한국사상』(제8집)
재인용. 田保橋潔, 『朝鮮統治史論稿』(朝鮮總督府 中樞院), 1940, pp.83~84.

첫째, 일황(日皇)은 조서를 발표하여 한국을 병합한 이유를 명백히 밝히면서 동양 평화의 유지를 위해 불가결한 것이 있었다고 강조하였으며,

둘째, 「이왕직관제」를 공표하여 한국인의 활동을 완전히 봉쇄하였으며,

셋째, 「조선귀족령」을 공표하여 친일적 민족반역자 포상에 급급, 일제에 아부하는 자에게는 포상한다는 근거를 마련하여 은연중에 한국인의 민심을 일제로 끌어들이려 하였으며,

넷째, 30,000원의 오분리 공채를 발행하여 통치 정책의 명분을 세웠다.10)

이러한 정책을 실시하면서도 마음을 놓지 못한 일제는 앞 절에서도 언급한 바와 같이 헌병경찰을 동원하여 한국인을 억압하였다. 울던 아이들로 「쉿! 저기 순사가 온다」 하면 울음을 뚝 그칠 정도였다.11) 지방 헌병의 횡포 또한 가혹하여 당시 지방민들은 아들을 낳으려면 되도록 얼굴껍질이 두껍고 수염이 짧은 아이를 낳고 싶다고 하였다. 이는 헌병 순사가 사소한 일에도 곧 뺨을 때리는 것을 풍자한 것으로,12) 일제의 식민지 정책이 얼마나 악독하였던가를 여실히 보여주는 것이다. 그뿐만 아니라 일제는 다음과 같은 방법으로 한국 민족을 탄압하였다.

첫째, 분서(焚書)에 의한 「민족 문화 말살정책」을 꾸며 내려고 1910년 11월까지 한국어 서적 51종 2,000여 권을 불살랐다.13) 둘째,

---

10) 문정창, 『군국일본 조선점령 36년사』(상), 백문당, 1965, p.56.

11) 문정창, 『군국일본 조선점령 36년사』(상), 백문당, 1965, p.47.

12) 국사편찬위원회 편, 『한국독립운동 조선 점령36년사Ⅱ』, 1966, p.952.

13) 朝鮮總督府, 『官報』, 1910년 11월 19일. 분서 정책으로 없어진 서적은 51종 2,000여 권이나 된다.

태형령(笞刑令)을 실시하여 일본 정책에 반항하는 무수한 한국인을 태형으로 죽음에 이르게 하였다. 그리하여 일본인 자신들도 「일본인의 난폭한 행위가 조선인들의 의구심을 일으키고 증오감을 산다」고 말할 정도였다.14) 셋째, 날조로 사건을 조작하여 무수한 「한국애국지사」들을 처형하였다. 그 대표적인 사건이 안악사건(安岳事件)과 105인 사건이다.15) 넷째, 일제는 아편 상용을 조장하여 한국의 애국지사나 청년자제들의 눈길을 항일운동이나 독립운동에 돌리지 못하게 하였다. 아편 재배로 인하여 양귀비꽃이 만발한 삼천리강산은 그들의 식민지 정책이 집약된 풍경을 나타내었다.16) 다섯째, 요정·유곽 시설을 장려하여 한국 민족을 방탕하게 만들었다. 특히 망국의 한(恨)을 품고 있던 애국 청년들의 심리를 교묘하게 이용하여 그 울분을 유곽 여인들의 교태 속에서 풀게 만들었다. 이 방법을 실행하기 위하여 일제는 일본으로부터 일본인 창녀, 작부(酌婦)를 들여다가 민족운동 조지(阻止)에 앞장세웠다.17) 일본에서 들여온 창녀·작부의 수가 해마다 증가하였다는 것은 한국 민족의 건전한 정신을 타락시켜, 방탕성이 그만큼 조장되어 가는 참담한 모습의 반영이기도 하였다.

<표 4-2> 일본인 창녀와 작부의 수

년도	1906	1907	1908	1909	1910
인원	2,947	2,675	4,253	3,953	4,417

(출처: 통감부 통계연보, 1910년)

---

14) 문정창, 『군국일본 조선점령 36년사』(상), 백문당, 1965, pp.83~84.
15) 차석기, 『한국 민족주의교육의 연구: 역사적 인식을 중심으로』, 진명문화사, 1982, p.193.
16) 문정창, 『군국일본 조선점령 36년사』(상), 백문당, 1965, pp.103, 105 참조.
17) 문정창, 『군국일본 조선점령 36년사』(상), 백문당, 1965. pp.105~108.

이상과 같은 일제의 식민지 정책 강화에 대하여 일본인 자신들도 「선의의 악정(惡政)」18)이란 표현으로 논하였다. 즉 일제는 민의에 어긋난 비정을 호의로 했다는 것이다. 취지와 목적은 좋았으나 그 방법이 잘못되었다고 하여 반긍정·반부정의 견해가 대부분 공론이라고 하였다. 그러나 이것은 일본인의 입장에서 그들의 행위를 정당화하려는 긍정적인 면에서의 고찰이다. 사실 그들이 사용한 목적·방법 등은 한국 민족을 위한 것이 아니었던 것은 말할 나위도 없다. 그러므로 '선의의 악정'이 아니라 '악의의 악정'이었던 것이다.

---

18) 和田八千穂, 藤原善藏 共編, 『朝鮮の回顧』, 近沢書店, 1945, p.81. '선의의 악정'이란 용어를 사용한 최초의 일본인은 당시 오사카 아사히신문(朝日新聞) 경성지국 기자였던 나가노 마사다카(長野正剛)로 그는 견문기에서 데라우치 총독의 조선 통치를 '선의의 악정'이라 표현하였다.

국권회복을 위한
범민족운동으로의 활로(活路)

1. 유학생 증가에 따른 독립운동으로의 활로

　1910년 이후 한국 학생들이 외국에서 유학하게 된 동기는 민족독립을 위한 「실력양성」의 방편으로서 「신지식」을 배워 「민족운동」을 전개하고자 함에 있었다. 그리하여 한국에서 전개된 민족운동의 지도자들은 대개 유학생 출신이었다. 민족운동은 일제의 탄압을 받아가면서도 이들에 의하여 면면히 명맥을 이어갔던 것이다.

　유학의 대상국으로는 일본에 가장 많은 유학생이 있었고, 일본 내에서 전개되는 독립운동은 이들을 통해 이루어졌다.19) 이것은 재일 유학생은 이 나라에서 온 가장 지식이 있고 참신한 그리고 대외적인 정세에 밝은 지식층이었으며 한국을 지배하고 있는 바로 그 적지에서 일제의 침략상을 목격했기 때문이라고 할 수 있다. 적국(敵國)의 땅에서 학업을 닦고 있던 유학생들은 국가 없는 민족의 슬픈 운명에 대하여 뼈저린 아픔을 맛보고, 그것을 타개하기 위해 젊음과 지성을

---

19) 박영규, 「3.1운동 이후 재일 한인학생의 독립운동」, 『3.1운동 50주년 기념논집』, 동아일보사, 1969, p.958.

통해 얻어진 소재를 정리·통일하여 새로운 인식을 형성하는 정신
작용을 민족독립운동에 바쳤으며, 때로는 생명을 바쳐가며 학업을
폐하고 조국광복에 헌신하였다.

일제 식민지 교육정책에 따라서 학업을 더 받고자 하여도 고등교
육 기관인 대학교가 하나도 없었으므로 한국인 학생들은 할 수 없이
외국으로 유학하였다. 유학을 통하여 진보적이고 새로운 지식을 열
마하면서 민족의식을 깨우치고, 모국에 돌아가 무엇을 할 것인가를
인식하게 되었다. 그리하여 유학생의 수는 해를 거듭할수록 증가하
였다. 합방 3년 후인 1912년에는 278명, 1913년에는 재일 유학생
총수가 427명에 이르렀다.[20] 이들은 일본 관공립 및 사립 57개교에
학적을 두고 있었다. 그중 가장 많은 수가 재적하고 있던 학교 순별
로 보면 세이소쿠(正則)영어학교 62명, 메이지(明治)대학 39명, 중앙
유년학교 26명, 아오야마(靑山)학원대학 26명, 와세다(早稻田)대학
26명으로 되어있다. 출신도별 순위로는 경기도 200여 명, 경남 59
명, 경북 43명, 전남 30명, 강원 5명이고 경기도 중 서울이 140명을
차지하고 있었다.

이를 보면 대부분의 학생들이 동경을 중심으로 한 대도시 학교에
집중되어 있었고, 서울을 포함한 경기도 출신이 다수를 점유한 반면
한국 내에서 가장 교육기관과 학생 수가 많았던 평안도 지방의 유학
생 수는 상대적으로 적은 대조적인 현상이 나타내고 있다. 경상북도
의 경우를 보면 1910년 합병 후부터 도내의 일본 유학생 수는 해를

---

20) 재일 한국유학생 감독 荒本拾作이 총독부에 보고한 유학생 현황보고 중에서 547명이라 하였
으나, 그 실제 학생 수는 600명을 훨씬 능가하였다고 말하고 있다. 「每日新聞」, 1913年 2月25
日字, 大野謙一, 『朝鮮教育問題管見』, 朝鮮印刷株式會社, 1936. p.140.

거듭할수록 격증하여 1929년 4월 359명이 학교에 재적하고 있었으며, 1911년부터 1929년까지의 유학생을 한데 통틀어서 계산하면 1,203명이었다. 일본 내의 지역별로는 도쿄(東京) 263명, 교토(京都) 23명, 오사카(大阪) 13명, 기타로 되어있다.[21]

일제 당국자의 분석에 의하면, 첫째, 향학심의 발흥, 둘째 조선 민족의 실력양성, 셋째, 3.1 만세 운동 이후의 문화 운동의 결과, 넷째, 학비의 저렴, 다섯째, 지리적 이점 등을 들어 일본으로 유학하는 학생들의 증가를 논하고 있다.[22] 그러나 재일 유학생 대부분은 배일사상에 충만해 있었고, 다소의 차이는 있었지만, 유학생들 중 한국 민족의 독립을 갈망하지 않은 사람이 없었다. 그러므로 이들은 학업에 열중하는 한편, 비밀결사를 조직하여 국내 민족운동가들과 연락을 취하면서 독립운동에 적극적으로 가담, 실행하였다.[23]

3.1 만세 운동 이후 1920년 6월 유학생 총수는 828명, 1924년에는 2,504명, 1926년에는 3,215명으로 급속히 수가 더 늘어났다. 이것은 3.1 운동에 기대했던 민족의 자주독립이 이루어지지 않자 국내 민족운동이 실력양성에 의한 문화 운동으로 바뀌게 되었음을 뜻한다. 일제의 통치 정책이 바뀌어 다소 사회 전반에 걸친 완화책(緩和策)의 영향도 있었다고 하였다. 그러나 유학생의 증가는 민족운동에 있어서는 커다란 희망적이었고, 한편 민족운동에 직접 영향을 끼치게 됨으로써 일제의 유학생에 대한 탄압과 감시는 더욱더 세분화되고 철저하였다. 1920년 유학생 전체의 수효는 828명 중 요시찰인이

---

21) 朝鮮總督府文書, 『高等警察要史』, 1920. p.151.

22) 朝鮮總督府文書, 『高等警察要史』, 1920. p.151

23) 朝鮮總督府文書, 『日本在住朝鮮人の情況』, 국사편찬위원회 편, 『독립운동사 II』, 1966, p.616.

212명이었으며, 그중 동경만도 141명이나 되었다.[24) 이와 같은 일본 유학생에 의한 단체를 소개하면 다음과 같다.

1) 조선기독청년회

1906년 11월 한국기독청년회의 분회로서 조직되어 만국기독교청년회, 황성기독교청년회와 밀접한 관계를 지니고 있었다. 1919년 11월 회원 수가 140명이었고, 경비는 만국기독교청년회에서 보조를 받고 있었으며 가장 재정적으로 기초가 튼튼하였다. 이 회원들이 이루려 하는 목표는 기독교 교의에 의하여 재일 유학생의 지(知), 덕(德), 체(體)를 조화롭게 발달시키고 완전한 인격을 양성하며 회원 상호 간의 친목을 도모하는 데 있었다. 간부는 회장 휘이샤아(미국인), 부회장 김준연(金俊淵), 간사 백남훈(白南薰), 서기 장영규(張泳奎) 등이며, 회관을 가지고 있어 재일본 내 한국인들의 집합과 강연회장으로 사용되었다. 그러므로 일본에 있어서 민족주의운동의 중심기관으로 그 역할을 담당하였다.[25)

2) 조선유학생 학우회

1912년 10월 29일 회원 피차가 서로 덕·지·체를 연구하고 의사소통을 꾀하고자 동경에서 유학하는 학생 전부를 회원으로 함을 원칙으로 조직된 학우회였다. 본 학우회에서는 새로 온 학생으로서 집합에 참석하지 않고 일본인과 교제하고 회원들과 교제하지 않는

---

24) 朝鮮總督府文書, 『日本在住朝鮮人の情況』, 1920. p.9.
25) 朝鮮總督府文書, 『高等警察要史』, 1920. pp.154~155.

자가 있으면 단적(團賊), 즉 단체를 해치려는 자로 여기어 매도·권유·설득하여 집회에 출석시켰으며, 일본인과 교제하지 못하게 하는 등 민족운동을 철저하게 실행하였다.

그뿐만 아니라 이 단체에서는 정기 월례회 이외에 웅변대회·졸업생 축하회, 신입생 환영회를 개최하고, 이때마다 배일사상을 논의·토론하여 독립 정신을 고취하였다. 또한 기관지 『학지광』을 발간하여 일본은 물론 한국 내에도 배포하여 독립운동에 적극적인 역할을 담당하였다. 특히 본회가 중심이 되어 1919년 2월 8일 동경에서 「유학생 독립선언」을 하였으며, 1918년 윌슨 미국 대통령의 「민족자결주의 제창(提唱)」에 힘을 입어 본회 중심인물들이 「국권회복, 한국독립은 이때다」라고 생각하여 청년회 및 웅변회 등을 개최하여 유학생 일반에게 독립사상을 고취하였다.

1919년 1월 6일에서 7일 양일, 본회 임시총회를 개최하여 독립운동 실행위원 11명을 선출하여 한국독립청년단 대표라 칭하였다. 이어 2월 8일 독립선언서를 배포하는 등 당시 유학생들의 동요와 선동의 핵심을 이루었다. 그러나 2.8 사건 이후 회원 다수가 귀국하여 자연 휴회 상태가 되었다. 이후 1919년 10월 11일 조선기독청년회관에서 유학생 200여 명이 참석하여 임시총회를 열고 임원을 선출하였다.[26] 창립 당시의 임원은 회장 최홍기(메이지대), 부회장 이명우(메이지대), 평의원 안동학(와세다대), 평의원 신석우(아오야마학원대), 회계부장 마현의(메이지대), 지육부장 이찬우 등이었다.

---

26) 朝鮮總督府文書, 『高等警察要史』, 1920. pp. 152~153.

3) 조선학우회

1915년 11월 10일 이광수·신익회·장덕수 등의 발기로 조직되었다. 조직 목적은 조선에 관한 일반 학술연구를 하는 데 있다고 되어있으나, 사실 「비밀결사」였다. 회합은 모두 비밀이었으며 가입도 2명 이상의 회원 보증이 필요했다. 1918년에 역원을 개선하고, 1920년에 다시 임원을 개선하였다. 1920년도 임원은 간사 김철수, 서기 전영택, 백남훈, 김도연이었다.

4) 조선여자유학생 친목회

1915년 4월 여자 유학생 김정화·나혜석 등이 새로 일을 꾸며 조직되었다. 그 목적은 재동경 조선 여자 상호 간의 친목을 도모하고 아울러 지식의 계발과 조선 안의 여자를 인도하여 강하게 하는 데 있었다. 창립 당시에는 전영택·이광수 양인을 고문으로 추대했으나 1918년 9월부터 관계를 끊었다. 이 친목회에서는 잡지 『여자계(女子界)』를 발행하는 한편 기금 모집에 힘쓰면서 정기(1년), 임시(3회) 총회를 개최하여 시사에 관한 사항을 논의하였다.

1919년 2월 재동경 유학생과 의리로 관계를 맺어 독립운동에 가담하고 운동자금 100원을 기증하는 한편 3.1 만세 운동 때에는 회원 다수가 본국으로 돌아가서 이 운동에 적극적으로 참여하였다. 1919년 10월 23일에는 조선기독교청년회관에서 총회를 개최하여 임원을 개선하였는데, 그 명단은 다음과 같다.[27] 회장 손정규(여자 교사), 총무 유영규(유학생), 서기 황신덕(천대동여), 서기 현덕신(유학생),

---

27) 朝鮮總督府文書, 『高等警察要史』, 1920. p.154.

회계 성미경(유학생). 회원 수는 약 30명으로 되어있다.

5) 조선불교유학생회

1910년 4월 장차 한국에 있어서 불교의 진흥을 기하고 상호 친목과 사상 교환을 목적으로 하여 조직되었다. 교토(京都) 「임제종대학(臨濟宗大學)」[28] 학생인 김덕용을 비롯하여 같은 대학 유학생들로 구성되었는데, 이들은 다음과 같은 강령(綱領)을 발표하여 한국 내 각 사원청년회와 제휴를 맺었다.

① 우리는 세계의 대세에 순응하여 불타주의(佛陀主義)를 관철하련다.
② 우리는 조선 전국에 산재한 불교도 청년·학생과 제휴하여 조선불교청년회를 조직하려 한다.
③ 우리는 옛 관습을 타파하고 의연 궐기하여 우리의 대적인 이상을 실현하련다.[29]

2. 유학생의 2·8 독립선언

위와 같은 단체 조직과 함께 1918년 세계 제1차 대전이 끝나고 파리강화회의 석상에서 미국 대통령 윌슨이 제창한 14개조의 민족자결주의 이상이 풍만하고 아름다워 조선 학생들은 자유평등과 민족자결에 의한 약소국가의 독립사상이 고취되었다. 이에 유학생들도 의견과 태도 등이 강경하여 독립운동을 위한 절호의 기회라고 생각

---

28) 오늘날의 하나조노대학(花園大学)
29) 朝鮮總督府文書, 「高等警察要史」, 1920. p.154.

하여 12월 29일 학우회와 망년회를 개최하고 명치회관에서 회합하였다. 이어 1919년 1월 30일 조선기독교청년회관에서 동서연합웅변대회를 개최하는 자리에서 독립 문제를 서두로 목숨을 걸고 독립운동을 일으키자고 하여 임시 실행위원 10명[30]을 선출하였다. 이들은 여러번 회의를 거듭한 결과 독립선언서를 일본 정부 및 각국 대사·공사와 양원 의원에 송부하기로 결정하고 같은 달 7일 오후 1시 청년회관에 모인 200여 명의 유학생에게 이를 보고하였다. 다음날 다시 집합하였으나 일본 경찰에 의하여 해산당하였다. 이에 실행위원 10명 중 전영택(田榮澤)이 병으로 사퇴하자 그 대신 이관수·김철수를 포함한 11명으로 구성하여 운동을 진행하였다.

최근우·송계백은 귀국하여 국내와 제휴하려 하였으나 일제의 감시로 인해 미수에 그치고 말았다. 표면적인 동경학우회를 중심으로 한 독립운동과 함께 내면적으로는 조선청년독립단을 조직하여 민족대회 소집, 청원서 및 독립선언서 토의에 부칠 안을 기초하여 같은 해 2월 6일 최팔용이 동경 시바구(芝區) 고야마정(小山町)[31] 3번지 이토인쇄소(伊藤印刷所)에서 1,000부를 인쇄하고 선언결의문(宣言決議文)은 영문 타자기로, 일본어 번역문은 김희술의 하숙에서 등사판으로 약 600부를 등사하였다.

이렇게 진행하고 2월 8일 오전 10시에는 인쇄물을 각 대사·공사, 각 대신, 양원 의원, 조선총독부, 동경 및 각 신문, 잡지와 학자들에게 우송하였다. 또한 같은 날 오후 학우회는 각국으로 유학한 학생

---

30) 朝鮮總督府文書, 『高等警察要史』, 1920. 최팔용(와세다대), 전영택·서춘(고등사범), 김도연(게이오대), 백관수(정칙영어학교), 윤창석(아오야마학원), 이종식(도요대), 송계백(와세다대), 김상덕(무직), 최근우 등.

31) 오늘날 미나토구(港区) 미타(三田) 일초메(一丁目) https://edo.amebaownd.com/posts/3335051

대회를 개최하려고 200여 명의 회원이 참석한 가운데 선언결의문을 당상에 달아놓고 그 실행 방법을 발표하고,[32] 최팔용(崔八鎔)이 독립선언문을 낭독하였다.[33] 이렇게 하여 2.8 동경 유학생의 독립운동은 일제 당국을 경악하게 하고 조선 민족독립운동사에 있어 학생들만으로서의 독립운동이라는 찬란한 업적을 남겨 놓았다.

일제는 동경 유학생들의 2.8 독립운동에 당황하여 앞에서 소개한 실행위원 11명 중 10명(나머지 1명 이광수는 이미 1월에 상해로 망명함)과 중범자 20명의 죄상을 조사하려고 용의자를 경찰에서 잡아 그중 9명은 법원에 소송을 제기하고 같은 해 3월 21일 출판물법 26조 위반으로 형의 판결을 내렸다.[34] 2.8 독립선언[35] 운동은 그것으로 그치지 않고 나머지 유학생들에게 인계되어 같은 해 2월 12일 제국총회에 독립의 청원을 청하기 위하여 히비야공원(日比谷公園) 음악당 부근에 집합하여 이달(李達) 학우를 회장으로 선출하고 같은 해 2월 23일 독립선언서를 인쇄하여 일비곡공원에서 회원에게 배부하고 독립 만세 시위를 벌리다가 실패하였다. 이와 같이 일본 내의 한국 유학생들의 항일운동이 일어나고 있을 때 국내에서 3.1 만세운동이 일어나자 동경 유학생들의 독립 배일사상은 더욱더 고조되어 같은 해 3월 9일에는 재동경 조선청년독립단 동맹휴교 촉진부의 명의로 한국 독립을 위하여 형제자매 유학생 동지와 함께 독립운동

---

32) 위의 책에는 200명으로 되어있으나, 조지훈의 『한국독립운동사』에는 600명으로 되어있다. 그러나 당시 동경 유학생 숫자와 일본 내 유학생 전체를 감안해 볼 때 200명이 타당하다고 생각된다.

33) 박은식, 『韓國獨立運動之血史』. 그러나 조지훈의 『한국독립운동사』에는 여기에 참가했던 김도연의 「회고담」을 인용하여 백관수로 기록하고 있다.

34) 박은식, 『韓國獨立運動之血史』, p.218 표 참조.

35) 동경 유학생의 「2·8독립선언서」 전문은 차석기, 『한국 민족주의교육의 연구』, 진명문화사, 1976, pp.218~221 참조.

에 참가하라고 권유하였다. 그리하여 491명이 한국에 입경하여 3.1 운동에 참가하였다.

3. 학생운동으로서의 3.1 운동

한국에 있어서 3·1 운동 당시 학생들의 눈부신 활약상은 민족운동으로서의 찬란한 업적을 이루어 놓았다. 이러한 현상은 민족의식을 자각하게 하고 민족정신을 용기와 기운을 북돋아 일으킨 계기가 되었다. 이후 민족운동에 있어서 학생들은 중추적이고 전형적인 세력으로 성장하였다. 민족의 자주와 독립을 목적으로 한 민족운동에 있어서 민족교육의 발흥은 더욱더 학생들로 하여금 조직적으로 민족의식을 표현하게 하였다.

오랫동안 일제의 압제 속에서도 민족교육은 더욱 성장하였다. 이로써 민족운동도 차츰 깊게 되어 탄압하면 할수록 민족정신은 더욱 굳어져 갔다. 1919년 3.1 운동은 한국인 전체의 민족운동이었고 일제의 야만적인 행위에 대한 전 민족 분노의 결정이었다. 3.1 운동의 동기에 있어서는 다각적인 연구가 있어야 할 줄 안다. 즉 온 겨레에 관한 일본 제국주의의 문제가 선행되어야 할 것이라고 본다. 물론 당시 기독교계·천도교계·불교계 등 종교 단체 내지 종교인을 중심으로 한 33인 나아가서 48인의 민족 지도자들이 이 운동을 추진시키고 결정적인 계기를 만들어 준 것은 사실이다. 그러나 이 전국적인 운동의 확대를 가져다준 것은 학생들의 애국적인 활동이 아니고서는 이루어질 수 없었을 것이다. 이와 같은 입장에서 볼 때 이 당시의 학생운동은 곧 3.1 운동과 직결되는 운동이었으며 민족교육을 받은 학생들의 사상과 행동은 3.1 운동으로 승화(昇華)되었다고 할 수 있다.

3.1 운동의 준비 과정 속에 재일 동경 유학생들의 2.8 운동과 국내 학생들의 동향은 민족운동 지도층에 많은 영향을 끼쳤다. 운동이 일어난 후 시위에 앞장서서 주동적 역할을 담당한 것도 학생들이었다. 특히 기성 지도층이 대중 대열에서 멀어지고, 독립운동이 눈앞에 벌어지며 대중 스스로 판단해야 하는 상황에서 학생들이 담당한 역할과 사명은 실로 중대한 것이었다.36) 한편 서울의 기성 지도자들의 개시 준비는 착착 진행되어 2월 26일 독립선언서가 인쇄되었다. 따라서 서울 시내의 선언서 배부와 군중 동원은 학생들이 담당하게 되었다. 이때 강기덕(康基德)은 2월 28일 정동 예배당에서 김문진의 손을 거쳐 선언서 서명자인 이갑성으로부터 독립선언서 약 1,500매를 넘겨받았다.37)

이날 밤 중앙·보성·선린·휘문·중동 등의 각 중등학교의 대표를 정동예배당에 보내고 전문학교 대표들에게는 3월 1일에 총동원되도록 노력할 것, 제2차의 학생 독립운동에 최선을 다할 것, 각 대표는 중등 학생에게 선언서를 배부할 것 등을 지시하였다. 그리고 각 종교계 지도자들과 직접 연결된 학생들은 종교별로 서울 시내의 독립운동 구역을 나누었다. 즉 불교계 학생들은 종로 이북, 기독교계 학생들은 종로 이남, 천도교계 학생은 남대문 이외 지역을 각각 10여 명이 담당하여 선언서를 배부하기로 하였다.38)

---

36) 김대상, 「3.1운동과 학생층」, 『3.1운동 50주년 기념논문집』, 동아일보사, 1969, p.301.

37) 이병헌, "三一運動 秘史·康基德에 대한 警務總監部 取調書", 「시사시보」, 1959.

38) 애국동지원호회, 『한국독립운동사』, 애국동지원호회, 1966, p.92.

엄중한 일제의 감시를 받고 있었지만, 학생들의 활동은 그대로 비밀이 지켜져 3월 1일 오후 2시 탑동공원으로 집합할 때까지 일제 관헌은 알지 못하고 있었다. 당일 탑동공원에 집합하는 학생들의 사정은 학교마다 조금씩 달랐으나, 대체로 3월 1일 아침 조례 시간을 이용, 거사의 취지 설명과 함께 독립선언서를 나누어주고 「우리들의 대표가 파리강화회의에 참가하고 있으므로 우리는 우리의 의사를 세계에 알리기 위하여 오늘 독립 만세를 부르지 않으면 안 된다」라는 중요한 뜻의 연설을 하여 일반 학생들의 민족의식, 즉 우리는 동일한 민족에 속한다는 자각을 일깨워 호소하고, 민족적 자각을 불러일으켰다. 그렇지 않아도 일제의 교육정책을 직접 피부로 느끼며 민족의 각성에 대한 사상적인 고민 속에서 민족의 앞날을 염려하던 이들은 너도나도 할 것 없이 탑동공원으로 몰려들었다. 이처럼 수천 명의 학생들이 탑동공원에 집합할 때 민족 대표자들은 요릿집에서 독립선언서를 낭독하고 축배를 들고 잡아 묶음을 자청하였다. 이로써 예기치 않게 지도자들을 잃어버린 학생들은 스스로 행동 방향을 찾지 않을 수 없었으며, 시위운동의 주장이 되어 이끌지 않을 수 없었다. 학생들은 독립선언서를 낭독하고 탑동공원으로부터 시위운동으로 돌입하였다.[39]

이와 같은 시위 만세 운동은 학생들뿐만 아니라 국장 구경 차 상경했던 지방민과 경성시민이 가담하여 대대적인 시위로 발전했다. 학생들은 시위 도중 가는 곳마다 만세를 큰소리로 외치고 연설하여 시위의 주도적인 역할을 담당하였다. 이날의 시위에 참가한 학생 수

---

[39] 김정명, 『朝鮮獨立運動 I』, 東京: 原書房, 1967, p.308.

를 일제 총독부 경무담당자는 삼사천 명으로 보고하고 있다.[40] 서울에서의 이와 같은 애국적 학생운동은 지방으로 확대되어 3.1 운동 이후 지방에서의 독립 만세 시위운동은 거의 학생들이 지도하고 학생들에 의하여 진행되었다.

<표 4-3> 3.1 운동에 참가한 학교 및 학생의 수

도별 \ 구별	관립학교 참가학교	관립학교 참가학생	공립학교 참가학교	공립학교 참가학생	일반사립학교 참가학교	일반사립학교 참가학생	종교계학교 참가학교	종교계학교 참가학생
경기도	6	1,006	12	621	11	839	7	301
충청북도	-	-	1	13	-	-	-	-
충청남도	-	-	4	10	-	-	3	300
전라북도	-	-	5	352	-	-	2	150
전라남도	-	-	65	152	-	-	2	150
경상북도	-	100	6	232	-	-	4	259
경상남도	-	-	15	655	4	145	7	350
황해도	-	-	3	210	-	-	6	350
평안남도	2	271	5	595	5	255	44	1,851
평안북도	-	-	6	605	-	-	10	740
강원도	-	-	1	70	-	-	-	-
함경남도	1	210	7	137	14	300	9	500
함경북도	-	-	6	116	3	10	3	120
합계	10	1,587	75	2,778	37	1,549	981	6,672

(출처: 1921년 조선총독부 학무국 집계)

한국에 민족주의 교육이 실시된 이래 식민지 민족주의에 입각한

---

40) 조선총독부 보고(報告)에는 4~5천 명, 조선군 사령관 보고(報告)에는 약 1만 명으로 되어있다.

교육의 방향을 더듬어 찾게 되었다. 이러한 민족교육의 사상적 사회적인 계통을 받은 학생들은 현실을 비판하고 새롭게 뜯어 고칠 것을 부르짖었고 민족독립의 주동적인 인간상으로 나타났다. 이것이 승화(昇華) 발현된 것이 3.1 운동이다. 그리고 위의 표에서 보는 바와 같이 3.1 운동은 전국적인 운동이다. 다음 <표 4-4>는 3.1 운동에 참가한 학교별 재판 결과표로 일제는 조선 학생들의 애국적 행위를 재판으로 결정하는 인륜에 어그러진 모습을 보여준다.

<표 4-4> 3.1 운동에 참여하여 판결이 선고된 학생들의 학교별 인원

학교별	인원수
경성의학전문학교	32
경성고등보통학교	13
보성고등보통학교	13
중앙학교	13
경성공업전문학교	13
세브란스의학전문학교	10
경성전수학교	10
조선약학전문학교	10
배재고등보통학교	10
선린상업학교, 보성법률상업전문·중동·경신·연희전문·이화학당 외 기타 5교	120
합계	242

(출처: 조선총독부 학무국 집계에 의거)

이상의 조선총독부 학무국 자료에서 보는 바와 같이 신교육이 세상에 널리 퍼짐으로써 민족의 자각은 필연적으로 외세에 대한 저항으로 나타났다. 이렇듯 한국 민족의 저항은 직접 무기를 들고 대항하는 의병으로, 외교 활동을 통하여 국제 무대에 호소하는 것으로,

언론 출판 등을 통하여 민족의식을 북돋움하는 것으로, 교육기관을 설치하여 민족정신을 도야하는 것으로 다양한 민족운동을 전개하였지만, 일본의 자본주의와 군국주의에 압도당하여 한일합방이란 민족적 비극을 맞이하게 된 것이다. 국가 없는 민족의 설움은 일제의 무단정치에 의하여 더욱더 깊어지고 일제에 대한 적개심을 불러일으켜 민족운동으로 확대되었다. 이것이 3.1 운동이다.

4. 3.1 운동 이후 교육의 재편

3.1 운동 이후 10년간의 통치에도 불구하고 한민족이 지속적으로 일제에 대항하여 독립운동으로까지 발전하자, 일제는 한국 통치에 대한 근본적인 해결책을 모색하게 되었다. 이에 따라 지금까지의 무단정치에서 소위 문화정치라는 식민정치 체제로 바꾸었다. 즉 일본 의회는 헌정회 특파원 모리야 고노스케(守屋此助)의 보고[41]와 헌정회 정무조사회 내의 특별위원회의 제안[42]에 따라 조선총독부의 통치 방법에 대한 근본적인 개혁에 박차를 가하였다. 그리하여 1919년 7월 31일 추밀원 특별위원회에서 조선총독부 관제 개정안을 심의 종료하였다. 내각 총리대신은 조선총독에 예비역 해군대장 사이토 마코토(齋藤實)를 추천하고 실질적으로 조선 통감의 주역인 정무총감에는 행정 수완가인 법학박사 미즈노 렌타로(水野鍊太郎)를 임명하도록 하여 조선의 통치를 맡게 되었다.

---

41) 「東京朝日新聞」, 1919年 4月 18日字.

42) 「東京朝日新聞」, 1919年 4月 23日字.

이와 같이 군인이 아닌 문인으로 지배하게 되며, 이른바 「문화정치」로 형식상 전환함에 따라 교육도 자연히 재편되었다. 그렇다고 합방 당시에 공포했던 「동화교육」 내지 노예 교육을 철폐하는 근본적인 개혁은 아니었다. 교육이념은 그대로 답습하면서 제도상의 결함과 교과 내용에 대한 보충으로써 한국 민심의 동요를 막고 교육의 실리를 찾는 데 목적이 있었다.

그러나 「시세와 민도(民度)」를 고쳐 바르게 한다는 것은 3.1 운동 당시 가장 많이 참가하고 주동하였던 학교가 중등교육 기관이었던 까닭에 이에 대한 조처로서 취해진 감이 농후하다, 즉 고등보통학교 규칙 개정의 내용 중 중요한 골자를 살펴보면 제13조에서 일본어 교육의 치중을 역설하여 한국 학생에게 일본어로 문장을 작성할 수 있도록 하는 철저한 주입식 교육을 실시하도록 하였다. 그리고 조선어 말살을 기도하였으며 제15조에서는 일본 역사, 제16조에서는 일본 지리에 대한 교수 방법을 지시하고 있다.[43] 별표에서는 교과과정 및 매주 수업 시수를 게재했는바, 그 중요한 사항은 다음과 같다.

<표 4-5> 교과과정 및 매주 수업 시수

과목 \ 학년	제1학년	제2학년	제3학년	제4학년	제5학년	제6학년	총계
수신	1	1	1	1	1	1	6
일본어	10	10	10	10	9	9	58
조선어 및 한문	6	6	5	5	4	4	30
산수	6	6	6	6	5	5	34
일본 역사	-	-	-	-	2	2	4
지리	-	-	-	-	2	2	4

---

43) 朝鮮總督府, 『官報』 1922年 11月 12日字.

그리고 1921년 1월 7일부터 10일까지 임시 교육조사위원회를 개최하여 일본 본토의 교육제도에 준하여 학제 개혁을 심의케 하였다. 여기에서 결정된 중요 사항은 보통학교를 3면 1교제로 하여 전국 870교로 하고, 불원간 경성에 대학을 설립하기로 하였다.[44] 이러한 계획은 계속 진행되어 같은 해 3월 19일부터 개최된 전국도 시학관(侍學官) 회의에서 정무총감의 훈시를 통하여 보통학교 증설 계획을 6면 1교에서 3면 1교로 하는 조선교육령 개정을 천명하기에 이르렀다.[45]

드디어 문화정치를 천명한 지 4년 만에 1922년 2월 4일 조선총독부는 칙령 제19호로 「조선교육령」을 전면 개정하였다. 전문 32조의 제2차 조선교육령을 공포하고 동년 4월 1일부터 시행하였다. 그 전문은 조선총독부 관보(官報) 1922년 2월 20일 자를 참고하기 바란다.

5. 3.1 운동 이후 민족교육의 활로

1) 민립대학 설립 운동

3.1 운동은 비폭력 무저항주의로 만세 시위만 과감하게 행하면 독립할 수 있다는 소박한 민족정신 아래 전개되었다. 그러나 기대했던 미국이나 서구 열강의 호응도 없었고, 국제 정의도 발동되지 않은 채 일제의 가혹한 탄압만이 있었을 뿐이었다. 한국 민족주의자들로 하여금 자아(自我)에 대한 비판과 반성 아래 새로운 진로를 모색하게 하였다.

---

44) 「每日新報」, 1921年 8月 11日 · 16日字.

45) 「每日新報」, 1921年 4月 20日字.

1919년을 전후하여 일제에 대항한 민족운동의 방법은 대체로 다음과 같이 나누어 볼 수 있다. 첫째, 독립전쟁, 둘째, 외교론, 셋째, 문화주의론이다. 그중에서도 문화주의, 즉 교육에 대한 민족의 기대가 컸던 것으로 주목된다. 특히 민족운동에 있어서 전쟁론과 외교론이 민족의 염원하던 바와 거리가 멀어져 감에 따라「실력양성」46)을 위한 민족교육이 곧 민족운동이라는 관념이 보편화되었고, 이에 따라 실력양성의 일환으로 교육열은 점차 고조되었다. 민족교육 사상이 깊어지고 교육열이 고조됨에도 불구하고 일제의 식민지 교육정책으로 말미암아 한국에는 고등교육 기관이 없는 교육의 불균형 상태가 지속되었다. 이러한 불균형 상태를 처리하기 위한 끊임없는 교육 투쟁은 필연적인 것이었으며, 관공립학교 입학 지원자의 수적 증가, 사립학교의 질적 향상 등의 요건은 대학교육을 염원하는 민족 대망의 원동력이 되어 대학 설립 운동으로 일반화되어 갔다. 이와 같은 여건 하에서 일어난「민립대학 설립 운동」은 우리 민족교육사에 있어서 새 시대를 긋는 큰일을 일으킨 행사라 하겠다.

2) 민립대학기성회의 조직

한국 민족주의자들은 한국인에게 철저한 한국인 본위 교육을 주장하면서 교육의 기회균등·차별 대우의 폐지·교수 용어의 일본어 폐지·한국사 등의 교수를 강력하게 요구하였다.47) 한국인 교육은 한국인 자신에 의해서 이루어져야 한다는 사회 대중의 공통된 의견이

---

46) 中川矩方, 『思想犯罪捜査提要』, p.380. 실력양성이라는 논의는 1919년 미국 로스엔젤리스에서 도산 안창호가 흥사단을 조직하고 독립하기 위한 방법으로 처음 제창하였다.

47) 김호일, 『中央史論』, 中央大學校 史學研究會, 1972, p.42.

높아졌으며 동시에 문화민족으로서의 긍지를 갖기 위하여 고등교육 기관의 설립이 필요함을 절감하게 되었다. 이로써 1920년 6월 23일 전 한국 참정대신 한규설(韓圭卨)·전 독립협회 부회장 이상재·윤치소(尹致昭) 등 민족운동가 백여 명이 재단법인 조선교육회 설립발기회를[48] 개최하였다. 회장에 한규설을 대표로 많은 인사를 선출하여 민립대학 설립 운동을 시작한 것이 최초의 일이다.

그러나 민립대학 설립을 구상한 것은 이보다 먼저 1907년 대한제국이 일본으로부터 차관한 1,300만 원의 국채를 갚기 위해 일어났던 「국채보상운동」에서부터이다. 이 운동이 진행되던 중 1910년 일제에 의하여 한일합방이 되자 모금된 금액을 각자에게 돌려주지 않고 민립대학을 설립하기 위한 민립대학기성회를 조직하였다. 당시 사내 총독에게 설립 허가를 신청했으나 거절당하고, 이 운동은 수포로 돌아갔다.[49]

당시 전문학교 중에서 대학으로 승격을 추진한 학교는 「보성전문학교」(현 고려대학교)다. 보성대학기성회는 교주 이종호가 모금 10만원을 차입하고 기금을 가진 대학으로 확장하며 교명은 「보성대학(普成大學)」이라 하고 교내에 법학과·경제학과·상학과·경제학과·농학과를 분설하고, 또 중학부·소학부·활판부를 설치한다고 약속하고 있다.[50]

한편 미국 장로회에서 설립한 평양숭실학교에서는 독자적으로

48) 「동아일보」, 1926년 6월 27일.

49) 이인, 「식민교육에 맞선 민립대학운동」, 「신동아」, 1960년 10월호. 모금된 금액 처리를 위하여 윤치호, 유원표, 남궁억, 노백린, 양기탁 등 민족운동가들이 모여 민립대학 설립 모금으로 쓰자고 가결하였다.

50) 고려대학교, 『高大六十年誌』, p.69.

1906년부터 대학과를 설치하여 한국에서 최초로 대학이라는 용어를 사용하였다.51) 이와 같이 1910년 이전 대한제국시대 때부터 일부 사립 전문학교에서 대학설립을 추진한 것은 1908년 통감부의 사수가 공포한 사립학교령에도 불구하고 교육열의 고비에 이르렀으며, 사립학교가 질적으로 향상되고 양적으로도 증가한 결과라고 생각된다. 이상과 같이 전국민의 염원을 등에 업고 1921년 1월 23일 이상재·이승훈·윤치호·김성수·송진우·유억겸·신흥우·양규삼·권동진·오세창 등 각계 인사들이 경성부 남대문동식도원에서 모임을 갖고 「조선민립대학 기성준비회52)」를 결성하였다. 당시 보도한 기시와, 결의안 등은 장문이라 생략한다.53)

3) 민립대학 설립 운동의 탄압

조선의 민립대학 설립 운동은 우리 민족의 생명 운동이며 문화 운동이었다. 그러므로 일종의 문예 부흥 운동이라고 할 수 있다. 그러나 조선총독이 임명을 받아 조선에 온 후 훈시를 통하여 표면적으로는 문화정치라고 하지만 실상 그것은 우리 민족을 무마하고 속이려는 정책이었다. 일제의 문화정치는 무단정치로부터 완화된 지배 통치 방법이 아니었다. 한국의 전민족적인 독립운동에 직면하여 국내에서 일어나는 반군국주의·민주주의적 시대에 따라 변하는 세태와 노동

---

51) 1897년 미국 북장로회에서 세운 이 학교는 1906년 대학과(大學科)를 설치하고, 1907년에는 정부로부터 인가를 얻었다. 독립 만세 시위 사건에 관련되어 평양지방법원 검사국에 구속·송치된 주모자 명단 속에 「숭실대학 학생 김태술 외 10명」이라 기록되어 있다. 「每日新報」, 1919년 4月 12日字, 손인수, 『한국교육사상사』, pp.210~211.

52) 『高等警察要史』 (高等警察係年表) 大正11年(1922) 11月 23日, p.43.

53) 차석기, 『한국 민족주의교육의 연구』, pp.262~270.

운동을 선두로 한 사회주의 운동을 드러내고, 국제적으로는 일본 제국주의의 고립화가 진행되는 과정에서 현실에 따라 나타난 일본 제국주의의 「조선 지배 우회 전략」54)이었다. 그러므로 일제의 「동화정책」에는 변함이 없었다. 따라서 당연히 일제의 한국교육책도 「동화교육」이었다. 즉 동화교육의 성폐가 곧 한국 지배의 성패를 뜻한다고 생각하였던 것이다.55) 그러나 총독의 「교육제도 개신책」에 크게 힘입은 한국 민족지도자들은 조선교육회를 설립하고, 우리민족의 독자적 힘으로 고등교육 기관인 민립대학 설립을 제창하였다. 이 운동에 대하여 당국은 처음에는 「이 일은 매우 좋은 일이니 적극 참여하라」고56) 한국인 관리・군수・도의원들에게 권고까지 하였다. 그러나 민립대학 설립 운동이 차츰 실력양성운동과 결부하여, 교육의 목적을 지도자 양성에 두고 또한 인문적 교과를 가하게 되면, 자연 항쟁 운동으로 나타날 것을 두려워한 나머지 탄압하기 시작하였다. 총독은 민족대학 기성회에 대한 탄압을 3단계로 구분하여 실행하였다.

제1단계로는 일본 국내에 있는 사립대학의 분교로 민립대학을 설치하자고 의안을 제시하였다. 「조선에는 대학에 관한 법령이 없으므로 조선총독으로서 대학의 설립을 인가할 권한이 없다. 그러나 여러분들이 꾸며 내려고 하는 종합대학을 본국에 있는 어느 사립대학의 분교로 하자. 그러면 여러분들의 목적은 달성될 수 있는 것이다」라고 하였다. 이미 조선교육회 임원들은 1920년 8월 4일 임원회를 개최하고 분교 설립에 반대하였다. 그러나 총독부는 일본 동경에 있는

---

54) 中塚明, "日本帝國主義と朝鮮: 3.1運動文化政治", 『日本史硏究』, 1920, p.83.
55) 김호일, 『中央史論』, 중앙대학교 사학연구회, 1972, p.50.
56) 문정창, 『군국일본 조선점령 36년사』(상), 백문당, 1965. p.327.

「사립 도요대학(東洋大學)」의 분교로 한다고 약속하였다.57) 이 약속은 일본 본국의 대학령58)에 분교 설치 조문이 없는 것을 알지 못하고 한 것이다.

제2단계의 탄압 방법은 같은 해 9월 12일 조선교육회 임원들을 불러들여 「도요대학의 분교를 설치하기보다는 조선인 자제들의 교육을 위한 「관립종합대학」의 설립에 관한 제1단계 처리로서 현재 경성의학전문학교를 조선의과대학으로 만드는 것이 지름길이므로, 바로 지금 총독부에서 계획중이니 사정을 잘 이해하라」고 하였다.59) 또한 민립대학을 세우더라도 조선인 학생만의 학교로 할 것이 아니라 「일선공학제(日鮮共學制)」로 하자고 강요하기도 하였다.60) 교육회 임원들은 총독부의 이러한 처의를 비난하고 같은 해 9월 26일 회원 14명이 참석한 가운데 일본 정부에 진정서를 보냈다. 그리고 민립대학 설립 강행을 만장일치로 가결하고, 우리 민족의 힘으로 대학을 설립하겠다는 굳은 결의를 표명하였다.61)

제3단계는 조선교육령을 개정하고, 이에 따라 관립 경성제국대학의 설립과 민립대학에 관련 있는 인사들에 대한 탄압, 그 기금 거출의 방해 공작으로 나타났다. 이로써 조선총독부는 1922년 2월 4일 칙령 제19호로서 조선교육령을62) 제정 공포하였다. 그러나 총독부 당국에 의하여 설립된 경성제국대학 창설 당시에 여러 가지 논란이 있었다. 「만일 두뇌의 명석도가 세계 제7위로 인정되는 문화민족 조

57) 「동아일보」, 1920년 8월 4일.

58) 일본에서의 「대학령」은 전문 21조 부칙으로, 1918년 12월 칙령 제388호로 공포되었다.

59) 「동아일보」, 1920년 9월 21일.

60) 김을한(金乙漢), 「월남 선생 일화집」, 문교사(대한민주여론협회), 1956, p.7.

61) 「동아일보」, 1920년 9월 26일.

62) 朝鮮總督府, 「施政25年史」, 朝鮮印刷株式會社, 1935. p.478

선인에게 대학교육을 자유로이 받을 수 있는 길을 터놓으면 일본의 조선 지배는 멀지 않아 마지막을 고할 날이 닥쳐 온다」고 하여 대학의 설립 불가 방침을 고수하였다.[63]

전 민족의 호응과 동아일보 및 조선청년연합회 등의 언론, 사회단체 등의 성원에도 불구하고 해가 바뀔 때마다 기성회 조직 당시의 정열도 냉각되어 운동 자체가 부진한 상태를 면치 못하였다. 1920년부터 조선교육회가 오직 민족의 독자적인 힘으로 고등교육을 실시하고자 한 것은 우리 전 민족의 생명 운동이었기 때문이었다. 일제의 탄압으로 민립대학 설립 운동은 실패하였지만 그런대로 이 운동은 교육사적 의미가 크다고 하겠다.

3.1 운동 이후 전 민족이 거족적인 조직체를 현성하여 민족적 단결을 도모한 것은 민족운동 양상에 있어서 조직적인 단체 결성의 표본이 되었다. 또한 교육에 의한 민족독립운동이 지표가 되어 교육운동이 곧 민족운동이라는 선례를 남겼으며, 일제의 교육정책에도 영향을 주어 경성제국대학이 설립되었다.

6. 개량 서당의 민족교육의 역할

1) 개량 서당의 설립 운동과 전개

1919년 이후 서당 교육은 그 형태에 있어서 뿐만 아니라 교육 내용과 성격 면에 있어 큰 변화를 일으키게 되었다. 일제의 식민 교육 정책과 근대적 서양식 교육이 혼합되어 있고, 일제에 대한 민족의

---

63) 문정창, 『군국일본 조선점령 36년사』(상), 백문당, 1965. p.327.

반항 운동과 교육열 등 그 당시 역사적 배경의 복잡한 사정하에 서당 교육은 두 가지 형태로 나타나게 된다. 즉 구 형태를 그대로 유지하는, 전부터 있어 내려온 서당과 새로운 시대성에 적응하는 개량 서당64)으로 크게 구별한다. 그중 개량 서당은 당시에 있어 중요한 역할을 담당하였다. 이와 같은 개량 서당은 본질적으로 재래 서당과는 다른 것으로 근대교육의 교과를 도입·설정하고 그 설립 목적도 민족 교화에 두었다. 교사도 신교육을 받은 지도자로 구성되었다. 이들 개량 서당은 민족교육 발전에 더없이 큰 공헌을 하였다. 즉 개량 서당은 일제의 탄압으로 사립학교가 폐교되거나 그 설립이 어려울 때, 또는 사설 학술 강습회에 대한 탄압을 피하기 위한 수단으로 설립되었다. 지리적 사정에 따라 초등교육 시설이 전연 없거나 부족하기 때문에 설립하기도 하였다. 그러므로 개량 서당은 근대적 초등교육을 실시하여 국민교육과 문맹 퇴치 그리고 민족의식을 높이 드러내는 데 큰 공헌을 하였다.

2) 개량 서당의 설립 목적과 경영

개량 서당에 대하여 일본인은 「… 그 사이 소위 개량 서당 등의 이름으로 교육 내용의 개선에 큰 노력을 기울인 것이 적지 않아 그 경영 주체도 많은 부락의 공동으로 변화하였다」65)라고 하는데, 결국 개량 서당은 재래 서당에 비하여 교육 내용이 개선되고 그 경영이

---

64) 일제하의 서당은 재래식 서당보다 개량 서당이 중심이 되었다. 개량 서당이라는 용어가 사용된 것은 3.1 운동 이후로 보는 것이 타당하다고 본다. 大野謙一, 『朝鮮教育問題管見』, 朝鮮教育會, 1937, p.246. 「동아일보」, 1935년 1월 24일, 제5079호 1면에 사용되고 있다.

65) 大野謙一, 『朝鮮教育問題管見』, 朝鮮教育會, 1937, p.246.

대체로 공동 운영의 형태로 진전되고 있었음을 말하고 있다.

그러나 1929년 2월 충남도지사가 총독부 학무국장 앞으로 문의하는 중에 「사설 학술 강습회 취재의 결과 종래 학교와 유사한 교육을 실시하는 강습회를 신규정에 의한 개량 서당으로서 신설 인가 신청하는 경우 이를 인가할까요?」라고 문의한 내용이 있는데, 이것을 보면 그 당시에 민족 교화 운동의 일방책이던 사립학교가 탄압받아 학술 강습회로 변하고, 이것마저 탄압받음으로써 다시 개량 서당으로 몸을 바꾸게 되었던 것을 알 수 있다. 그러나 개량 서당도 이후에는 계속 폐지되는 운명에 놓이게 된다. 이와 같이 민족 스스로의 능동력에 의하여 개량 서당이 설립된 실제로 있던 예는 동아일보 기사 (1921년 5월 13일, 제258호; 1921년 12월 21일, 제480호; 1922년 6월 5일, 제646호; 1922년 10월 30일, 제793호)를 비롯하여 많은 입증 자료를 발견할 수 있다.

3) 기독교와 개량 서당

개량 서당은 기독교 선교 사업과도 밀접한 관계가 있다. 평북 용천군의 경우 기독교회에서 개량 서당을 설립하였다는 내용이 바로 그러한 실제 사례의 하나이다. 이러한 현상은 사립학교의 경우와도 같은 것인데, 기독교 측은 선교의 방편으로뿐만 아니라 민중 교화를 위해 서당을 설립하였다. 그 사례들을 보면 다음과 같다. 「전남·보성 기독교교회에서는 1934년 2월에 영신서당(永信書堂)을 설립하였다」[66] 또한 화천군에는 예수교가 있는 곳에 서당 등이 여기저기 흩

---

66) 「동아일보」, 1935년 9월 22일.

어져 있었다.[67] 이와 같은 몇 가지 자료로 보아 기독교가 개량 서당을 설립하여 전국 각처에서 활동하였음을 알 수 있으며, 이는 우리 교육에 대한 기독교의 공헌 가운데 하나라 하겠다.

4) 개량 서당에서의 교재와 과외 활동

개량 서당의 교과목은 한국어·일어·산수 등[68]이며 교과 외 활동으로서 학예회·운동회 등을 실제로 시행하였다. 당시 동아일보에는 다음과 같은 기사가 실렸다. 「하동 개량 서당에서는 지난 3월 10일에 학예회 겸 학부형회를 개최하고, 학생의 학예성적을 발표하는 동시에 경영방침에 대하여 협의하였다」[69] 또 익산군 북일면 사무소 주최로[70] 북일·매헌·김강의 3개 서당 연합 운동회를 개최하였다. 이외에도 운동회에 관한 기사는 여러 곳에서 발견되었는데 그 시기는 여름으로 한다고 나와 있다. 개량 서당은 그 교과목에 있어 신·구 교과목을 모두 취급했다. 따라서 보통 학교 교과목을 거의 가르쳤다. 그러므로 개량 서당의 교과목은 보통 학교 강습회·야학 등의 그것과 공통적이었다.

5) 개량 서당의 역할과 기능

일제는 개량 서당에 대하여 보호과 억압, 장려책과 폐지책을 이중적으로 실시하였다. 억압이나 폐지의 이유는 말할 것도 없이 민족의

---

67) 「동아일보」, 1927년 6월 28일.
68) 「동아일보」, 1923년 1월 23일.
69) 「동아일보」, 1923년 4월 14일.
70) 「동아일보」, 1921년 5월 31일.

식 문제였다. 그 입증 자료로 동아일보를 보면 「조선 역사를 교수한 선생을 마침내 구류」라는 제목 하에 다음과 같은 기사가 있다.

경남 밀양군 부북면 퇴로리에서 사립보통학교를 설치하려 했으나 당국이 인가하지 않아 정진의숙(正進義塾)이란 이름으로 이균호(李均鎬)란 교사를 초빙하여 보통학교 과정을 교수하였는데, 근일 그 의숙에서 조선 역사를 가르치는 것이 발각되어 지나간 십육 일에 이균호는 밀양 경찰서에 구인되었다더라.71)

여기에서 정진의숙은 사립학교에 대한 탄압을 피하여 설립된 개량 서당으로 볼 수 있다. 또한 개량 서당으로 보기 어렵다 해도 이당시 개량 서당에서는 대체로 한국 역사를 가르쳤음을 짐작할 수 있고 그것은 민족의식을 높이 드러냄에 있어 큰 역할을 담당하였음을 알 수 있다.

한편 개량 서당에서 사용했던 교과서의 내용을 분석함으로써 「민족의식 앙양 문제」를 추적할 수 있다. 이 문제에 대하여 와타나베 마나부(渡部學)는 「『동몽선습(童蒙先習)』의 전진상 총독치하 조선 민중의 민족 도야 보위」라는 제목의 논문 속에 자세히 논술하였다.

박세무(朴世茂) 저술의 『동몽선습』은 조선 후기 서당의 교과서로 일반에 널리 사용된 서적이다. 이 『동몽선습』의 내용은 첫째 삼강오륜(三綱五倫)에 대한 해설, 둘째 유교 원리를 설명한 총설, 셋째 역대 요의(要義) 등 세 부분으로 되어있다. 그중 역대 요의 속에 중국 역사(71행 13.7%)와 한국 역사(45행 19.8%)가 서술되어 있다. 여기

71) 「동아일보」, 1921년 10월 22일.

에서 문제가 되는 부분은 한국사로서 1918년 일제가 서당 규칙을 발표할 때 서당에서 사용할 수 있는 교과서 목록에서 『동몽선습』을 제외하였는데, 그 이유가 여기에 있다. 그러나 3.1 운동 이후 서당에서 『동몽선습』은 암암리에 사용되었는데 왜 사용하였는가, 또 어떤 방법으로 사용하였는가 하는 문제가 있다. 결국 일제의 감시의 눈길을 피하기 위하여 책의 이름이 변하게 되고 민족의식 앙양을 위하여 그 내용의 일부까지도 바꾸게 된 것이다.72)

이러한 『동몽선습』의 전진상(轉進相)의 특징은 그것이 「봉건도야 입문성(入門性)」에서 「민족도야 완결성(完結性)」으로 진보하고 발전한 점이다. 일제하에서 『동몽선습』은 민족도야를 보호하여 지킴으로써 최후로 남은 고립적 유일한 거점이 되어 민족의식 확립을 위한 완성 교육의 기능을 가지고 있었다. 그러므로 『동몽선습』의 한국 역사 서술은 종래와 달리 자주적 민족사로서의 성격을 점진적으로 강화하였는데, 이는 역사 발전상 필연적인 결과였다. 그리하여 최후로 도달한 수정은 한(漢)의 4군 지배 부정과 신라가 당나라 군사들을 물리쳐서 한반도를 통일하였다는 내용이었다. 그러므로 중국으로부터 회복하여 민족의식을 앙양하는 내용으로 전진되었다. 그렇다면 『동몽선습』을 교재로 사용한 서당 교육은 분명히 민족의식 함양에 큰 역할을 담당한 것이다. 이와 같이 일제하의 서당은 교사들의 민족의식과 교과서에 의하여 학생들의 민족정신을 확립시켜줌으로써 한국인의 민족의식 함양에 공헌한 바가 크다.

---

72) 渡部學, 『童蒙先習の轉進相』, 東京: 思想社, 1972. pp.102~118.

제3절

6.10 만세 운동

1920년대 민족운동 중에서 국내의 집단적 실력 운동의 찬란한 금 자탑을 이루어 놓은 것은 학생들에 의하여 이룩된 1926년의 6.10 만세 운동과 1926년 광주를 기점으로 하여 일어난 전국학생운동이다. 6.10 만세 운동은 3.1 운동 이후 일본 식민지 통치에 대항하여 학생 전체를 망라한 반일적이며, 계획적이고 조직적인 학생운동의 첫 봉화이다.

1920년대의 실력양성운동이 전국적으로 확대됨에 따라 교육열이 고조되고 학생들의 민족적 자각이 크게 싹터, 학원 내에서는 동맹휴학과 비밀결사가, 학원 외에서는 계몽운동과 학생단체조직 등 활발한 민족운동이 전개되었다. 이러한 결과의 소산으로 집단적인 가두 시위운동이 나타났던 것이다.

1926년 4월 26일 조선 정부가 주권을 상실당한 지 17년 만에 대한제국 최후의 황제 순종이 병중 53세의 일기로 세상을 떠나셨다. 순종의 승하 소식은 온 민족에게 충격과 비탄을 안겨주었다. 같은 해 6월 10일 국장을 거행하기로 국상의 절차가 발표되었다. 나라를 일제에 강제로 빼앗긴 장본인으로서 순종의 심중에 병이 나지 않을

리 없어 늘 편치 않은 생활을 하다가 1926년 초여름부터 창덕궁에서 몸져눕게 되어 결국에는 승하하신 것이다. 정신적으로나마 민족의 상징이었던 순종의 승하는 한국 민족에게 커다란 슬픔과 울분을 안겨주었다. 더욱이 「황제의 사인이 병사(病死)가 아니라 왜인들이 독약으로 돌아가시게 만든 것이다」라는 풍문이 나돌아 민심은 더욱 격양되었다.[73] 그리하여 전국에서는 대성통곡이 일어나고 돈화문 앞에는 애도의 대열이 인산인해를 이루었다. 상점도 철시를 단행하였고, 각급 학교는 휴교하였으며, 언론기관도 승하의 소식과 민심의 동향을 연일 보도하였다. 「초목도 오열하는 천만상(千萬象)의 호성곡(號聲哭)」[74]이라는 보도에 민심은 자못 흉흉하였다.

일제는 이러한 상황을 예의주시하면서 3.1 운동을 상기하여 삼엄한 경계하에 불온의 언동이 있으면 엄중히 취재하였다. 그러던 중 같은 달 28일 송학선(宋學先) 의사가 사이토 총독을 살해하고자 한 「금호문사건」이 일어났다.[75] 일본 경찰은 아연 긴장하여 1,600여 명의 경찰관으로서는 도저히 경계에 안전을 기할 수 없다고 판단, 군대에 요청하여 경성·평양·함흥·원산 등에 주둔하고 있던 육해군 도합 7,000명을 서울에 집결시켰다. 그래도 안심이 되지 않았는지 부산과 인천항에 일본 제2함대를 대기시켜놓기까지 하였다.[76]

이와 같은 상황에서 학생들은 순종의 국장일을 계기로 일대 가두시위를 통한 민족운동을 전개하기로 하고, 이를 추진해 나갔다. 6.10 만세 운동은 크게 두 갈래로 볼 수 있다. 하나는 사회주의적 색채가

---

73) 이상옥, 『6.10만세항일투쟁 비화』, 「최고회의보」 No.21.

74) 「동아일보」, 1926년 4월 30일.

75) 「동아일보」, 1926년 5월 2일.

76) 이상옥, 『6.10만세항일투쟁 비화』, 「최고회의보」 No.21.

농후한 민족운동가들에 의한 것이고, 다른 하나는 학생들에 의한 것이다. 하지만 첫 번째였던 사회주의적 색채가 농후한 민족운동가들의 독립운동은 전개 과정에서 그 대표자가 체포됨으로써 완전히 실패로 돌아갔다.

그러므로 6.10 만세 운동은 순수하게 학생들에 의하여 계획되고 실천된 학생들의 민족운동이었다. 6.10 만세 운동을 계획 추진한 학생들은 두 갈래였다. 하나는 「조선학생과학연구회」를 중심으로 전문학교 학생들에 의한 사직동계(社稷洞係)이고, 또 한 갈래는 중등학교를 중심으로 한 학생들의 통동계(通洞係)이다.[77]

1926년 4월 26일은 마침 「조선학생과학연구회」의 춘계 야유회 날로, 회원 약 80여 명이 세검정으로 가던 도중 순종이 세상을 떠났다는 소식을 호외로 들은 순간부터 사직동계의 거사 추진이 시작되었다. 첫 거사 회담은 5월 20일 1정목 36번지(현재 서대문 충정로)에 있는 연희전문학교 문과 2년생인 박하균(朴河均)의 하숙집에서 개최되었다. 이날 40여 명이 모인 가운데 순종의 국장일인 6월 10일 「독립 만세」와 가두시위를 전개할 것을 결의하였다. 그 준비 책임자로 이병립·이선호·이천진·박두종 등을 선출하고, 자금 조달은 박하균과 박두종에게 일임하였다.[78]

그후 6월 6일 이병립은 견지동 97번지 「조선학생과학연구회」 사무실에서 집행위원인 이선호와 회담하고 본격적인 「만세 시위운동」을 국장일에 할 것을 재차 확인하고 7일 최종적으로 박하균의 하숙에서 계획을 수립하였다.[79] 그리하여 8일 이선호·이병립·박두종·

---

77) 국사편찬위원회 편, 『한국독립운동사 Ⅳ』, pp.3~8.
78) 박용규, "6.10만세운동 37주년, 「동아일보」, 1963년 6월 10일.

박하균 등은 서대문 솔밭에서 태극기·조선 독립 만세 두 문구를 약 30매 작성하였다.

같은 달 9일 평동 12번지의 3 김종찬 방에서 이병립이 글의 초안을 잡아 「2천만 동포여, 원수를 구축하라! 피의 대가는 자유이다. 대한 독립 만세」라는 격문(檄文)을 청운동 130번지 장규정으로부터 빌린 인쇄기로 약 1만 매를 인쇄하여 각기 나누고 다음날 살포하기로 하였다.

통동계는 중앙고보와 중동학교 학생인 박용규·곽제형·김제문·황연환·이동환 등이 5월 29일 김제문 하숙인 경성부 통동 71번지 김소사의 집에서 「조선민중이여 우리의 철천의 노숙은 자본제국주의 일본이다. 2천만 동포는 죽음을 결단하고 싸우자. 만세 만세 조선 독립 만세」80)라는 격문을 작성하고, 같은 날부터 31일 사이에 낙원동 250번지 김성기에게 등사기를 빌어 5천 매를 인쇄, 전기 5명이 각기 1천 매씩을 나누어 갖고, 다시 이를 각 학생에게 분배하여 거사일인 6월 10일 국장일(國葬日)에 애도 대열 속에 있다가 살포하기로 하였다.

6.10 만세 운동이 일어난 6월 10일, 순종의 국장을 애도하는 백의(白衣) 군중 물결이 온 장안을 덮었으며, 돈화문 앞에서 홍릉까지 도열한 학생들만 해도(보통학교 6년 이상으로 제한했음) 약 24,000명이나 되었다.81) 학생들의 처음 만세 시위는 오전 8시 30분경 나라에서 쓰던 큰 상여가 종로3가 단성사 앞을 지날 때 중앙고보생 340명이 조선 독립 만세를 부르며 격문을 살포한 데서 비롯되었다. 이때

---

79) 이현희, 「6.10만세운동」, 『아세아연구』(제1호).

80) 국사편찬위원회 편, 『한국독립운동사』(Ⅴ), p.7

81) 학생 도열 상황과 인원 수는 이현희의 「6.10만세운동」, 『아세아연구』 제1호에 기록되어 있다.

수백 명의 학생이 일제히 만세를 부르며 1,000여 명의 학생이 격문을 살포하였다. 이러한 소요는 장지까지 가는 동안 7개 처에서 일어났다. 단성사 앞의 소요를 제외하고는 처음 약속대로 일사불란하게 이루어졌다.[82] 이와 같이 학생들이 계획한 만세 시위운동은 실행되었으나, 곳곳에 배치되어 있던 일본 경찰에게 제지당하거나 체포되어, 계획했던 바대로 실행치 못하고 좌절되었다.

그러나 이는 일본 당국자를 놀라게 하고, 우리 민족의 독립 정신을 민중에게 심어주었으며, 독립을 위하여 끝까지 투쟁하겠다는 결의를 재삼 나타낸 것이었다. 이러한 학생시위운동이 가라앉자 일본 경찰은 수감 중인 학생을 석방하고 그중에서 주모자로 인정된 11명만 제련 제7호 및 출판법 위반으로 같은 해 25일 기소하기에 이르렀다. 같은 해 11월 2일 경성지방법원 공판에서 일본인 재판관 에토(江藤)에게 주동 학생들은 이 민족운동의 목적과 동기를 다음과 같이 대답하였다.[83]

이병립「거사의 목적과 동기는 삼척동자(三尺童子)라도 다 알고 있는 말인데 새삼 물어볼 것이 어디 있느냐」
박하균「우리나라의 형편은 현명한 너희들이 더 잘 알 터인데 무엇을 알려고 하느냐」
이천진「호각으로 군호 삼아 일제히 거사하였다. 그러나 뜻대로 되지 않아 애석하다」
이선호「자유를 힘을 다하여 외치면 자유가 생긴다는 결심으로 거사에 임했다」
류토희「오로지 을미년 경험으로 재거(再擧)하려 했다」

---

82) 김호일, 「일제하 학생운동, 1920~1926」, 중앙대학교 학위논문 참조
83) 「동아일보」, 1926년 6월 11일.

이상의 진술과 같이 이들은 젊은 학생들의 솔직 담백한 태도와 기개로 잠재된 민족의식을 표현하였다. 그러나 일제의 판사는 이 학생들에게 무거운 형량을 내려 학창시절을 등지게 하였다. 이들의 명단과 형량은 다음과 같다.

<표 4-6> 6.10 만세 운동을 주도한 학생의 명단과 형량[84]

이름	나이	출신도	재학학교	징역형
이선호	24	경상북도	중앙고등보통학교 4년	징역 2년
이병립	24	강원도	연희전문학교 문과 2년	징역 3년
박두호	24	함경남도	청년회관 영어과	징역 2년
박하균	25	함경남도	연희전문학교 문과 2년	징역 2년
이천진	23	함경남도	경성제국대학 예과 1년	징역 2년
류토희	23	경상북도	중앙고등보통학교 4년	징역 1년
박용규	22	경상북도	중앙고등보통학교 4년	징역 2년
곽제형	20	전라북도	중동학교 특별 2년	징역 2년
김제문	23	전라북도	중동학교 특별 3년	징역 2년
황정환	23	전라북도	중동학교 특별 3년	징역 3년
이동환	27	전라북도	중앙고등보통학교 5년	징역 5년

한편 6.10 만세 운동이 바라는 바와 같이 이루어지지 않자, 학생들은 제2차 6.10 만세 운동을 일으키려고 계획하였다. 이로 인해 많은 학생이 재판에 회부되어 징역형을 받아 구금되었다. 이상과 같이 순종의 국장일을 기하여 벌떼처럼 떼를 지어 일어난 6.10 만세 운동은 학생들에 의하여 독자적으로 계획되고 조직된 운동이었으며, 그 이후 학생운동의 방향과 성격을 같이 인도하였다.

---

84) 「동아일보」, 1926년 6월 11일.

제4절

광주학생독립운동의 교육사적 의미

1. 광주학생독립운동의 전모(全貌)

1920년 당시 전라남도 광주에는 전남의 인재를 양성하는 중등학교
로서 광주고등보통학교·광주농업학교·광주여자고등보통학교 그리
고 일본인 학생과 함께 배우는 광주사범학교, 일본인 학생만이 수학
하는 광주중학교가 있었다. 전국은 한국인 학교와 일본인 학교로 나
뉘어 갈등이 뒤숭숭한 사태에 있었다. 광주에 있던 한국인 학교 학
생들은 식민지 노예 교육에 대한 불만을 품고, 민족의식 고취를 위
한 학생들의 조직적인 결합을 이루어갔다. 1926년 11월 3일 광주고
등보통학교와 광주농업학교의 장재성 외 16명이 최규창의 하숙집에
서 성진회(醒進會)라는 비밀결사를 조직하였다. 이 모임이 광주학생
운동의 모체가 되었으며, 당시 조직되었던 임원과 강령은 다음과 같
다.85)

임원: 총무 왕재일·서기 박인생·회계 장재성
강령: ① 일본 제국주의의 기반(羈絆)에서 한국의 독립을 쟁취한다.

---

85) 광주학생독립운동동지회 편, 『광주학생독립운동사』, 국제문화사, 1974, p.42.

② 일본 제국주의의 식민지 노예 교육을 절대 반대한다.

③ 언론·출판·결사의 자유를 요구한다.

이와 같은 성진회의 탄생은 광주의 한국인 학생들에게 일본의 사상·정치 등을 배척하는 배일 감정과 우리 민족의식을 고취시키는 촉진제가 되어 차츰 확대되었다. 조직 5개월만인 1927년 3월 자진 해산하고 비밀결사 활동을 벌이다가, 다시 1929년 6월 중순쯤 광주고등보통학교 졸업생 장재성이 같은 학교의 재학생 김상환·김보섭·윤경하 및 광주사범학교의 재학생 송동식·강달범 그리고 광주농업학교의 재학생 조길용·김순복 등과 모여 합의하여 「독서회 중앙부」를 조직하고 학교별 독서회 조직에 나섰다. 이후 광주고등보통학교 독서회·광주농업학교 독서회·광주사범학교 독서회가 조직되기에 이르렀다.[86] 광주시 내 중등학교의 비밀결사 독서회의 조직은 식민지 노예 교육을 받고 있던 학생들이 행동을 위해 일어나는 계기가 되었다. 그리하여 광주학생운동의 전초전으로 학생들은 우선 학원 내 문제 해결을 위한 동맹휴학을 일으켰다.

앞의 절에서 서술한 6.10 만세 운동 이전 동맹휴학의 목적은 표면상 교사에 대한 불평과 학교 시설에 대한 불만 등이 대부분을 차지하였다. 그러나 6.10 만세 운동 이후의 동맹휴학은 민족 차별의 반대, 식민지 노예 교육의 반대 등 항일정신에 입각한 민족운동의 성격을 띠고 나타난 것이다. 광주학생운동이 일어나기 이전 연도인 1928년의 광주고등보통학교와 광주농업학교의 「대맹휴(大盟休) 사건」은 다음 해에도 그 기세가 계속되었다. 해가 바뀌면서 학생들의 학교에 대

---

86) 광주학생독립운동동지회 편, 『광주학생독립운동사』, 국제문화사, 1974, pp.43~45.

한 울분과 저항은 차츰 그 열기를 더해가 마침내 한일 통학생 간의 사소한 분규가 광주뿐만 아니라 전국적인 항일운동으로 발전하였다.

1929년 10월 30일 하오 광주에서 나주로 운행하던 기차 속에서 일본인 학교인 광주중학교 학생과 한국인 학교인 광주고등보통학교 학생과의 충돌이 일어났다. 즉 광주중학교 후쿠다(福田)·스에키치(末吉)·다나카(田中) 등 수명이 같은 기차 통학생이던 광주여자고등보통학교 학생인 박기옥, 이광춘 등 한국인 여학생을 희롱하고 박기옥의 댕기 머리를 잡아당기는 등 행패를 부렸다. 이를 목격한 박기옥의 사촌 동생인 광주고등보통학교 2년생 박준채가 나주역 개찰구를 나오자 후쿠다를 불러 세워 「너는 명색이 중학생 된 놈이 여학생 희롱하는 것은 야비하지 않느냐?」라고 따졌다. 후쿠다는 「뭐라구? 네가 그럼 어떨 테냐? 조선인이 까불긴…」 하고 맞섰다. 이에 격분한 박준채가 후쿠다를 치자 사태는 삽시간에 한국 통학생과 일본 통학생 간의 패싸움으로 변하였다.

한국 통학생들은 평소 품고 있던 민족적인 감정이 일시에 폭발하여 수적으로 우세한 일본인 학생에게 대항한 것이다. 이 날은 별 큰 충돌 없이 보냈으나, 다음 날인 31일 상행 열차에서 다시 시비가 벌어졌고, 그날 하행 열차에서 또 싸움이 일어났다. 이때는 일본인 차장이 달려와서 장본인 박준채, 복전과 함께 한국인 학생 2~3명의 통학권을 빼앗고 2등실에 연행하여 일본인 승객들이 보는 앞에서 무조건 한국인 학생에게 욕설을 퍼붓고 일본인 학생을 두둔하니, 이들의 감정은 더욱 악화되었다.[87]

---

87) 박준채, 「독립시위로 번진 한일 학생 충돌」, 『신동아』 1960년 9월호 참조.

다음 날인 11월 1일 한일 학생 간의 충돌이 또다시 일어났다. 이 날 하오 4시 30분경 하교 통학 열차가 광주역을 출발하기 직전, 일본 중학생 30여 명이 전날의 복수를 한다고 광주역에 집결하였던 것이다. 여기에 맞서 한국 학생 20여 명도 차에서 내려 서로 대치하여 험악한 분위기가 되었으나, 급보를 접한 양교의 교원과 역원, 경찰의 제지로 사태는 충돌 직전에서 수습되었다.[88] 이와 같은 한국 학생과 일본 학생의 충돌은 여러 번 있었다. 그러던 11월 3일, 학생 운동의 역사적인 날을 맞게 되었다. 이날은 음력으로는 10월 3일이어서 우리나라 개천절(開天節)이었고, 일본으로서는 소위 메이지절(明治節)이었다. 광주고등보통학교를 비롯한 한국인 학생들은 비밀결사 및 동맹휴학을 통해 다져온 민족의식과 항일정신 속에서 일제에 대한 감정으로 폭발 직전에 있었다.

그러던 중 광주고등보통학교 학생들은 일단 학교로 돌아와 강당에서 사후 대책을 회합하였다. 노병주의 사회로 사건 경위와 보고, 사후 대책을 논의하였는데, 일본 중학교를 완전히 때려 거꾸러뜨려야 한다는 강경론이 지배적이었다. 학교에서 야구 방망이, 목봉 등으로 무장하고 길거리로 쏟아져 나왔다. 이러한 광주고등보통학교의 상황을 직접 본 광주농업학교 학생 최봉주의 연락으로 광주농업학교 학생들도 길거리에서 합세하였다. 또 이 사태를 본 광주사범학교의 학생들도 학교 당국의 완강한 제지에도 불구하고 교문을 부수고 시위 대열에 참가, 모든 한국 학생이 행동을 같이하게 되었다.

시가에 나온 학생들은 시가행진 중 「조선 독립 만세」, 「식민지 노

---

88) 박준채, 「독립시위로 번진 한일 학생 충돌」, 『신동아』 1960년 9월호 참조.

예 교육을 철폐하라」, 「일본인 학교인 광주중학교를 폐쇄하라」 등의
구호를 외치고, 애국가·응원가를 불렀다. 한국 학생들의 사기는 충
천하였다.[89] 이날 「전남 6만석 돌파 경축대회」에 참석했던 수많은
시민들도 참석하였고, 당시 신문에는 시위 군중이 학생을 포함하여
3만이 참석하였다고 보도하고 있다.[90]

이러한 광주 시내 분위기에 극도로 긴장한 일본인들은 겁에 질려 폐
문 철시를 하였으며, 광주경찰서 경찰력으로는 부족하여 인근 지방의
경찰을 동원, 초비상 경계를 했다. 광주고등보통학교를 비롯한 광주농
교·광주사범은 물론 일본인 광주중학교까지 이날부터 3일간 휴교령
을 내렸고, 다시 사태가 악화되자 11월 9일까지 휴교를 연기하였다.

이 시위로 다음 날인 4일 5시부터 한국 학생들에 대한 경찰 검거
의 회오리바람이 불어 70명이 구속되고, 그중 62명이 검사국으로 송
치되었다. 이와 같은 검거는 일제 경찰의 편파적인 행위로, 한국 학
생 70명에 비해 일본인 학생은 겨우 7명을 검거했으며, 그것도 얼마
지나지 않아 석방했다. 이 문제에 대하여 신간회(新幹會)는 허헌·김
병노(金炳魯)·황상규(黃尙奎) 등이 11월 9일 광주에 도착하여 시로
이(白井) 광주고보 교장과 사토(佐藤) 광주중학교장을 방문하여 사건
의 진상을 조사하고 관계기관에 사건의 불공평한 처리를 항의하였다.
한편, 광주고등보통학교·광주농업학교·광주사범·광주여자고등보
통학교·광주수피아여자학교·광주숭일학교 등의 한국 학생들은 편
파적인 행정기관의 처사에 대하여 격분하고 끝까지 항쟁할 것을 결
심, 제2차 시위운동을 전개하였다. 제2차 시위운동은 재광사회단체

---

89) 김성식, 『일제하 한국학생 독립운동사』, 정음사, 1974, p.205.

90) 광주학생운동동지회 편, 『광주학생독립운동사』, 국제문화사, 1974, p.57.

(在光社會團體)의 간부인 장석천 등과 화합하여 보다 조직적이고 강력하게 전개되었다. 각 학교의 책임자를 정하고, 다음과 같은 격문을 작성하여 학생들에게 보냈다.

학생·대중이여 궐기하라. 검거된 학생은 우리의 손으로 탈환한다. 언론·잡지·집회·결사·출판의 자유를 획득하라. 식민지 교육제도를 철폐하라. 조선인 본위의 교육제도를 확립하라.[91]

이리하여 11월 10일 광주고등보통학교 오쾌일, 광주사범학교 이신형, 광주농업학교 김남철 등이 회합하였다. 동월 11일 각 학교에서 수업 시작 시간을 기해 일제히 궐기하여 전에 작성한 격문을 살포하고 만세 시위운동을 전개하기로 합의를 보았다. 마침 12일이 광주시 장날이라 시민들이 모일 것을 예상, 민중들의 호응을 얻기 위하여 12일로 거사 날짜를 잡았다. 이에 대한 격문도 다음과 같이 4종류를 인쇄하여 거사일에 살포하기로 하였다.[92]

① 「학생·대중이여 궐기하라! 우리의 슬로우건 아래로」
 - 검속자를 우리의 힘으로 탈환하라
 - 검속자 즉시 석방하라
 - 교내의 경찰권 침입에 반대한다
 - 언론·잡지·집회·결사·출판의 자유를 획득하라
 - 조선인 본위의 교육제도를 확립하라
 - 식민지 노예 교육을 철폐하라
 - 사회과학 연구의 자유를 획득하라

---

91) 대구 복심법원(覆審法院) 형사부, 昭和5年(1930) 형공(刑拱) 제176, 177호.
92) 대구 복심법원(覆審法院) 형사부, 昭和5年(1930) 형공(刑拱) 제176, 177호.

② 「조선민중이여 궐기하라」
 - 피금자를 탈환하라
 - 재향군인의 비상 소집해제에 반대한다
 - 경계망을 즉시 철퇴하라
 - 소방대・청년단을 즉시 해산하라
 - 광주중학을 폐쇄하라
 - 언론・잡지・집회・결사・출판의 자유를 획득하라
③ 「용감히 싸워라, 학생・대중이여! 우리의 슬로우건 아래 궐기하라.
  승리는 오직 우리들의 단결과 희생적 투쟁에 달려있다」
④ 「용감한 학생 대중이여 최후까지 우리의 슬로우건을 지지하라. 그
  리고 궐기하라 전사여 힘차게 싸워라」

이와 같은 격문을 준비한 이후 11월 12일 수업 종이 울리자 광주
고보에서는 김향남의 「철창에서 신음하는 교우들을 구하라」라는 외
침과 함께, 김안진 외 5명 등을 선두로 학생 일동이 일제히 교문을
박차고 시가지로 쏟아져 나왔다. 학생들은 격문을 뿌리고 구호를 외
치면서 스크럼을 짜고 광주형무소를 목표로 진격하였다. 도중 광주
여고보와 광주사범학교 앞에서 시위에 합세하라고 외쳤으나 양교의
교직원들이 교문을 굳게 잠가 놓고 통제하여 양교 학생들은 시위 대
열에 합류할 수 없었다.

이와 같은 광주학생들의 시위운동은 학생 자신들의 희생을 전제
로 한 것으로, 2차에 걸친 학생운동으로 정식 구속된 학생이 260여
명에 달하였다. 이러한 희생에도 불구하고 광주학생들은 굴하지 않
고 1930년 1월 9일에는 광주고보생들의 백지동맹으로 17명의 학생
이 퇴학당하였고, 10일에는 제3차 학생 시위운동을 준비하다 발각
되어 48명이 무더기로 퇴학당하였다. 광주여고보생도 백지동맹으로
15명이 퇴학당하였다. 이를 종합하여 보면 구속 내지 퇴학 수는 광

주고보만도 300여 명에 이른다는 결론이 나온다.93)

1930년대 6.10 만세 운동과 광주학생운동은 국내 민족운동에 있어서 학생층의 비중이 높았음을 잘 보여준다. 학생들은 민족운동을 이끈 교육 정신은 한국교육사에 길이 남을 금자탑의 계기를 만든 것이다. 광주 학생들의 첫 봉화는 전국에 파급되어 민족사상 유래를 찾아 볼 수 없는 학생운동으로, 민족 구국운동으로 전개되었다.

2. 전국학생운동으로의 파급

1929년 11월 3일 광주에서 일어난 항일학생운동은 당시 신문에 단 한 번 보도되었을 뿐, 일제의 통제로 그 전말과 진행 과정은 한국 학생이나 일반에게 알려지지 않았다. 그러나 이 운동의 소식은 사람들의 입으로 전해져 차차 전국 각지에 알려졌다. 그리하여 전국적으로 항일학생운동에 참가한 학교는 보통학교·고등보통학교·전문학교를 합하여 194개교였고 참가한 학생 수는 9만 4,000여 명에 이르렀다.94)

광주학생독립운동이 전국학생운동으로 파급된 상황을 간략히 소개한다. 우선 광주와 가까운 전남 지역에서 학생운동이 일어났다. 전남의 대표적 항일학생운동 지역으로 목포와 나주를 들 수 있다. 목포상업학교는 일본 학생 13명이 재학한 한일 공학의 학교이다. 한국인 학생들은 이날 교내의 전화선을 절단, 학교 당국의 만류에도 광주 학생 만세를 외치면서 교문을 박차고 목포 역전까지 행진했다.

93) 광주학생운동동지회 편, 『광주학생운동사』, 국제문화사, 1974, p.58.

94) 국사편찬위원회 편, 「학생 사상의 경향」, 『한국독립운동사 V』(자료편), p.261.

이 시위로 박종식 등 16명에게는 과고 1년에서 5년의 체형, 또는 집행유예의 유죄판결을 내렸다.[95] 이 밖에 12월 10일 전라남도 함평의 함평농업학교·광주수피아여학교 등에서 항일학생운동을 전개하였다. 이러한 일련의 상황은 경성에서도 항일학생운동을 일으키는 구체적인 의사를 표시하게 하여 시내 각급 학교학생들이 2차에 걸친 항일 시위운동을 전개하였다.

1929년 12월 2일 밤과 3일 아침 사이에 경성제국대학을 비롯하여 중동학교·경성여상·동덕여학교·중앙고보 등 기타 시내 사립학교에 광주학생항일운동의 전국화를 위하여 학생과 민중의 총궐기를 촉구하는 격문이 살포되었다. 12월 5일에는 40여 명이 추가 검거되었다. 그리고 비밀결사 간부들이 모여 11월 중순에서 하순 사이에 차재정이 낸 인쇄비 70원으로 격문 5,000매를 인쇄하였다. 한편 경신학교를 비롯하여 이날 광주 학생을 지원하기 위해 교정에서 연설한 연설한 학교와 학생 수는 다음과 같다.

<표 4-7> 광주 학생 지원을 위해 연설한 학교와 학생 수[96]

학교명	참가 학생 수	학교명	참가 학생 수
근화여학교	300여 명	경신학교	300여 명
동덕여학교	300여 명	중동학교	800여 명
배화여학교	200여 명	휘문고보	400여 명
실천여학교	60여 명	보성고보	400여 명
정신예학교	300여 명	경성보육	40여 명
이화여학교	300여 명	여자미술학교	50여 명
배재고보	700여 명	보성전문학교	100여 명

---

95) 광주지방법원, 昭和5年(1930) 형공(刑拱) 제11, 12호 판결문 참조.
96) 「동아일보」, 1929년 12월 7일.

일본 경찰은 12월 5일 이 사실을 알고 장석천·차재정의 체포를 중대시하고 갖은 방법을 다하여 이들 체포에 혈안이 되었다. 이 사건을 차재정사건 또는 학생정위동맹사건이라 하여 학생과 청년단원 45명을 검사국에 송치하고 그중 12명은 재판에 회부하였다. 경기도에서는 1930년 1월 9일 개성 송도고보·호수돈여자고보·개성상업학교·미리령(美理領)여고보의 만세 시위운동이 전개되었다. 그보다 앞선 1929년 12월 13일에는 인천상업고등학교에서 만세 시위운동이 일어나 경기도 전 지역으로 파급되었다.

경상남도 지방에서는 진주·부산·마산 등지의 학생들이 가장 격렬하게 만세 시위운동을 전개하였다. 특히 진주고보와 일신여자고보 등의 학생 1,000여 명이 1930년 1월 17일 궐기하여 독립 만세를 시위하였는데, 이로 인해 진주고보생 29명이 검거되고 11명이 퇴학, 246명이 무기정학을 당하였다. 경상북도에서는 1928년 11월 초순 대구 학생 비밀결사가 발각되어 대구고보·대구사범·대구상업고 등의 학생 간부 100여 명의 공판이 1930년 3월에 진행되었다. 지도급 학생 간부들이 투옥되어 전국적인 학생운동에 많은 제약이 있었음에도, 1930년 1월 20일 대구 시내 전 학교의 학생들이 만세 시위운동을 감행하기로 결의하였다. 하지만 이는 사전 발각으로 실패로 돌아갔다.

충청도 지방에서도 학생들의 만세 시위운동은 계속 일어났다. 공주와 청주를 중심으로 1930년 1월 20일을 전후해서 항일운동이 전개되었다. 청주고보·청주농고·공주고보·공주영명학교 등에서 동맹휴학 내지 독립 만세 시위운동이 일어났다. 황해도에서는 1930년 1월 21일 해주고보 학생 300여 명이 광주학생운동에 호응하는 만세 시위운동을 전개하였으며, 사리원농업학교와 동시에 보통학교에서도 만세 시위운동이 일어났다. 강원도는 춘천과 철원을 중심으로 만세 시위운동이 일어났다. 1929년 12월 19일 춘천고보는 교정에서 광주학생시위운동을 찬성하고 이어 맹휴에 돌입하였다.

평안남도는 평양을 중심으로 7개교 즉 관립학교 학생들이 1929년 12월 5일 만세 시위운동을 벌이고「① 광주학생운동의 정체를 폭로하라. ② 광주 기타 지역에서 시위 중 구금한 학생을 무조건 석방하라」라고 주장하며 시위하였다. 또 1930년 7월 21일 평양 시내 한국인 남녀학생 3,000여 명이 일제히 궐기하여 만세 시위에 돌입하였다. 숭실전문학교 학생들도 시가 시위에 나왔으나 즉시 경찰에 의해 저지당하여 학교 교정에서 만세 시위를 전개하였다. 또한 평양 사범 200여 명·광성고보 400여 명·숭실중학교 학생 400여 명, 평양고보생 400여 명·숭실여고생 200여 명 그리고 평양기생학교 학생 200여 명 등이 일제히 만세 시위에 가담하였다. 이는 인근 지방으로 파급되었다.

함경남도에서도 함흥·원산까지 만세 시위가 계속되었다. 함흥고보는 1929년 11월 16일 제1차로 광주 학생들의 항일투쟁에 호응하는 만세 시위운동을 단행하였고, 이어서 12월 16일 제2차 시위운동을 감행하고 동맹휴학으로 항쟁을 계속하였다. 이로 인해 50여 명의 학생이 퇴학, 수십 명이 경찰에 체포되어 그중 주동자 5명이 실형을 받았다. 함경북도는 경성·회령·청진 등지에서 항일운동이 전개되었다. 그중 경성고보생 500여 명은 1월 25일 경성농업학교 학생 500여 명과 합세하여 만세 시위운동을 대대적으로 전개하였다. 그로 인해 102명이 검거되었으며 26일에는 경성 시민들이 피금 학생의 석방을 요구하는 시민대회를 열었으며 27일에는 구속 학생의 석방을 요구하며 시민과 학생이 일치단결하여 항일운동을 전개하였다.

단편적 서술이지만 이상으로 미루어 볼 때 광주를 기점으로 하여 전국적으로 확대된 1920년부터 1930년까지의 전국학생운동은 3.1운동 이후 우리 민족의 최대 항일민족운동이었음을 알 수 있다. 이것은 1920년대로 접어들면서 일본 제국주의가 실시한 문화정책에 대하여 경고하는, 우리 민족이 추구하여 왔던 실력양성운동에 대한 민족교육의 성과가 가져다준 소산이었다. 그뿐만 아니라 학생들의 항일 구국운동은 한반도라는 지역적 국한을 벗어나서 한민족이 거주하던 세계 여느 지역에서도 활발하게 전개되었다. 만주의 간도·하얼빈·중국의 상해·일본의 동경·미주의 하와이 등지에서 독립만세 시위운동이 일어나 범민족운동으로 승화하고 발전한 것이다.

제5절

민족의 저항과 일제의 최종적 교육정책

1. 일제의 침략전쟁국으로 변신

1) 일제는 패전까지 전쟁국으로 변신

1931년 이후 일본 제국주의의 침략 정책은 한반도에 국한되지 않았다. 대동아공영권(大東亞共榮圈)이란 미명 아래, 만주·중국 등 동남아 각지로 그 세력을 팽창하기 시작하였다. 하지만 그보다 앞서 일본은 1927년 3월부터 금융공황이 일어나 경제 위기가 닥쳐왔고, 이를 극복하지 못한 상태에서 또다시 대공황을 맞이하여 제국주의 노선의 순탄한 추진이 어렵게 되었다.

1927년 4월 정우회 내각인 다나카(田中)의 집권을 통하여 군전, 관료 세력, 군부 간의 모순과 압력이 노출되었다. 정당 정치에 대한 일본 국민의 불신이 이어졌다. 이러한 여건은 군부가 전쟁과 「파시즘」으로 일본을 이끌어가기 위한 소지를 안겨 주었다. 그리하여 일제는 군국주의를 통해 국내의 불안을 해소하고 대륙에의 야망을 성취하기 위하여 1931년 5월 만주사변을 일으켰다.[97] 이보다 앞서 일본 군부

---

[97] 滿州史研究會 編, 「滿州國成立前後の經濟研究」, 『日本帝國主義下の滿州』, 御茶の水書房, 1972, p.3.

는 같은 해 7월 2일 만보산사건(萬寶山事件)을 일으켜, 만주에 이주하여 생활하던 한국인과 중국인 사이에 분쟁을 일으킴으로써, 한국 독립운동가의 근거지를 제거하려고 하였다. 만주사변은 봉천북교 류안구(柳安溝)에서 일본 관동군이 철도를 폭파하고, 이것을 중국 등의 소행이라고 하여 일본 거류민의 생명 보호라는 명목을 내걸어 군사 활동을 시작한 사건이다. 국제 여론을 외면하고 만주에 대한 무력 행동을 개시하여 1932년 1월 영주(鈴州)를 점령함으로써 일단 승리, 청조(淸朝)의 마지막 황제 부의(溥儀)를 유인하여 같은 해 3월 괴뢰 만주국을 건설케 하였으며, 「일만의 정서」를 체결하여 완전히 만주를 일본의 세력 하에 넣었다.98) 대륙 침략 전쟁의 기점이 된 만주사변에 만족하지 않은 일본 군부는 다시 상해사변, 5·25사건, 1936년 2.25사건, 1937년 7월 중일전쟁 등을 일으켜 군부 세력을 파쇼화하고 국내의 여론을 탄압함으로써 군국주의를 강화하였다. 이와 같은 과정에서 대륙 침략 전쟁을 위한 병참기지로서 한국을 인적·물적 자원의 공급원으로 만들려고 하였다.

한편, 일본 군부는 중일전쟁을 수행하면서 태평양으로 눈을 돌려 자원과 인력이 풍부한 동남아시아로 침략을 감행, 태평양을 지배하려고 하였다. 이에 따라 군국주의 국가인 독일·이탈리아와 함께 삼국조약(三國條約)을 맺고 태평양전쟁의 막을 올리려 하였다. 그리하여 1941년 12월 8일 태평양상의 미 해군 기지인 하와이 진주만을 일방적으로 공격하여 미일전쟁이 일어났다. 이것이 태평양전쟁으로 확대되었으며, 제2차 세계대전으로 발전하였다.

---

98) 문정창, 『군국일본 조선강점 36년사(하)』, 백문당, 1969, pp.110~114.

이와 같이 1930년대부터 1945년 일제가 패망하기까지 일제 제국 주의는 전쟁에 광분하고 있었다. 그러므로 한국에 대한 식민지 정책도 변모되지 않을 수 없었다. 일제는 만주사변·중일전쟁·태평양전쟁을 수행하기 위한 물적·인적 자원을 한국에 부담시켜, 이를 발판으로 전쟁에 임했던 것이다.

그러므로 한국에 대한 식민지 정책은 전시체제로[99] 바뀌었고, 1931년 이후 부임해온 조선총독들은 이를 수행하는 데 전력을 기울였다. 즉 우가키 가즈시게(宇垣一成) 총독의 농촌진흥운동은 일제에 대한 식량 보급을 위한 정책이었고, 한국 농민의 지배권을 확보하는 구체적 방법으로 진행되었다. 공업화 정책은 일본 재벌을 끌어들여 군수품을 생산하는 병참 기지 공장을 건설케 하였다. 한국의 교육목표는 국체명징(國體明徵)·내선일체(內鮮一體)를 통하여 황민화 정책(皇民化政策)을 실시하고, 한국민의 민족혼을 말살하며, 일본 황민(皇民)으로서 전쟁에 동원시키는데 있었다.[100]

2) 조선교육령 수시 개편의 본뜻

1931년 6월 매관매직 사건으로 야마나시 한조(山梨半造: 1864-1944) 총독이 물러나고 새로운 총독으로 우가키 가즈시게(宇垣一成: 1868-1956)가 부임한다. 그는 전 총독 사이토 마코토(齋藤實: 1858-1936)에 의하여 표방된 문화주의(文化主義)를 답습하여 신교육령(제2차 조선교육령)을 근간으로 한, 황국신민화(皇國臣民化) 교

99) 森田芳夫, 『朝鮮終戰の記錄』, 巖南堂書店, 1964. pp.18~20 참조.
100) 森田若夫, 『朝鮮終戰の記錄』, 巖南堂書店, 1964. pp.18~20 참조.

육(일명 황민화 교육)을 장려하였다.

그는 「교육 즉 생활」이라고 하여 「근로주의」를 주장하고, 초등교육의 확충과 농촌 간이학교 제도의 창설, 사범교육 기관의 확충, 실업교육의 진흥을 도모한다고 하였다.[101] 그러나 일본 제국주의가 군국주의자들에 의하여 파쇼적인 독재로 변해감에 따라 식민지에 대한 정책에도 바뀌게 되었다. 이에 따라 교육도 자연히 개편되었다.

그것이 우가키 총독의 교육정책으로, 준전시체제하에서 학생들에게 일본 신민(臣民)이 되는 사고방식을 강제로 주입시켜, 식민지에 있어서 능률 높은 노동력을 확보하려는 데 목적이 있었다. 그들은 특히 농촌 진흥과 근로주의 교육이라는 구호 아래 생활주의적인 실업교육을 장려하였다.

우리나라에서 직업교육의 필요성이 인식되도록 노력한 점은 인정하나, 그것은 우리 농촌의 갱생을 지향하기 위한 것이 아니었다. 사실은 한국 농민의 구매력을 향상시켜 경제적인 착취를 지향한 것이다. 또한 국제 연맹에서 탈퇴한 후, 눈앞에 닥친 전쟁용 군수물자 생산을 촉진하고자 한 것이다.

1936년 8월 우가키 총독의 뒤를 이어 미나미 지로(南次郞: 1874-1955)가 제7대 총독으로 부임하면서 한국의 교육은 크게 개편되기 시작하였다. 그는 군국주의 이념 아래 우리 민족이 진정한 황국신민(皇國臣民)으로 내선일체(內鮮一體)가 되어, 이른바 동아시아의 전시 사태에 대처할 것을 강조하면서, 1937년 4월 5대 정강을 발표하였다.[102] 그의 시정 방침 중 교육의 진작(振作)은 황국신민화(皇

---

101) 大野謙一, 「朝鮮敎育問題管見」, 朝鮮敎育會, 1936. pp.316~317.

102) 朝鮮總督府, 「施政三十年史」, 京城: 朝鮮印刷株式會社, 1940, pp.409~410.

國臣民化) 교육을 한층 강화한 것으로, 우리 민족에게 일본어 교육을 강조하고 정신적으로는 일본 노예화를 도모하여 한민족을 말살시키려는 것이었다. 그리하여 중일전쟁이 일어나자, 1937년 10월 2일 「황국신민의 서사(誓詞)」(내용은 생략)를 만들어 전국민에게 행사 때마다 큰소리로 맹세하도록 했다.

또한 1938년 3월에 발표한 제3차 조선교육령도 이를 입증하는 것이었다. 그렇게 하여 우리말, 우리글을 사용하지 못하게 하고, 일본어 사용이 강요되었다. 나아가 1940년 2월에는 일선동조론(日鮮同祖論)에 입각하여 내선일체를 위한 창씨개명(創氏改名)을 강요하고, 또 같은 해 8월에는 우리 민족의 대변 기관지인 「동아일보」와 「조선일보」를 폐간시켜 세계적으로 그 유례를 찾아볼 수 없는 공포 정치를 자행하였다.103) 이와 같은 미나미 총독의 정책은 우리 민족 문화를 말살하기 위한 교묘한 방법이었다. 한편 1938년 2월 일제는 「육군지원병제」를 공표하여, 한국 학생들을 전장에 끌어넣을 문을 열어놓았다.

1941년 5월 미나미 총독이 물러나고 8대 조선총독으로 고이소 구니아키(小磯國昭: 1880-1950)가 부임하였다. 그는 앞의 총독들과 마찬가지로 「조선 통치의 근본 방침을 일시동인(一視同仁)에 두었으며, 황국신민된 자각을 철저히 하여야 한다」라는 자기의 의견과 함께 시정 목표로 ① 황민의 연성(鍊成), ② 결전(決戰) 생활의 확립, ③ 필승 생산력의 확충, ④ 징병제도의 실시를 발표하였다.

이 가운데 황민의 연성 정책에 가장 치중하였다. 총독부는 1942년

---

103) 朝鮮總督府, 『施政三十年史』, 京城: 朝鮮印刷株式會社, 1940, pp.780~781.

10월 「조선청년 특별연성」이라는 것을 만들고, 같은 해 10월 26일 관련 규칙을 공포하였다. 「황민의 연성」은 태평양전쟁과 제2차 세계 대전을 통해 세계 정복의 야욕을 채우기 위한 일본 군국주의가 전쟁을 수행하는 데 있어서 무제한으로 소요되는 인적·물적 자원을 충당하기 위하여 한국인을 효과적으로 이용하기 위한 방법이었다.

그뿐만 아니라 학원 내에서의 수양(修養)과 연성(鍊成)을 위하여 전국 학원에 배속장교가 부임했으며,[104] 학생들의 군인 정신 함양을 위해서 군가(軍歌)를 부르게 하였다.

1941년 전시에 부응하기 위한 교육 개편에 착수하기 시작한 총독부는 우선 전문학교에 대하여 같은 해 11월 학칙을 개정, 수업 연한을 1년 단축하여 4년제에서 3년제로 변경하였다. 이것은 대동아공영권 확립 및 직장봉공(職場奉公)에 매진케 한다는 구실로 한국 청년을 징병하여 죽을 곳으로 몰아넣기 위한 것이다.

또다시 1943년 3월에는 중학교 이상의 모든 학교에 대하여 수업 연한을 단축하도록 하는 조선교육령의 전면 개혁을 단행하고, 같은 해 4월 1일 자로 이른바 제4차 「조선교육령」을 반포하였다. 이 교육령의 목적은 「황국의 도(道)에 따른 국민 연성(鍊成)」에 있었다.

한편 전쟁이 장기화되자 일제는 1942년 11월부터 학생들의 지원병 제도를 공포하였다. 그러나 학생들이 지원의 뜻이 없음을 전하자 1943년 10월 「육군특별지원병 임시채용규칙」에 의하여 학병제(學兵制)를 공포하였다. 관립학교는 「국민총력연맹」의 주도 아래 실시하였으며, 사립학교는 「배속장교」의 주관 아래 학생들의 지원을 권고하였다.

---

104) 「경성일보」, 1943년 1월 2일 자.

학교명	적격자 수	지원자 수	백분비율 (%)
보성전문학교	268	43	16.0
연희전문학교	293	102	34.8
명륜전문학교	74	23	31.9
혜화전문학교	150	51	34.0
법학전문학교	40	40	100
고등상업학교	32	32	100
부산고등수산학교	22	22	100
경성제국대학	92	51	55.4
경성제대 예과	15	8	53.3
총계	985	372	37.8

위의 표에서 보면 관립학교는 약 75%의 성적을 보였으나, 사립학교는 약 30%의 저조한 지원 실적을 나타내고 있다. 말할 것도 없이 민족교육을 받은 사립학교 학생들의 저항 의식이 더 강했다는 증거가 된다. 이와 같이 자기의 뜻이 아니라 일제의 뜻에 의하여, 그것도 강제 동원된 학도병들은 일본 군대 내에서 많은 문제가 있었던 것으로 전해지고, 한국 학도병 중에서 중국 방면으로 출전한 학병들은 일본 군대에서 탈출하여 「대한민국 임시정부」에 망명, 광복 전선에 참가하여 일본 제국주의 타도의 선두에 나서기도 하였다. 이와 같은 사실은 국내외에 있어서 민족의식을 중심으로 한 민족교육의 결과라 하겠다.

2. 민족운동으로서의 학생운동

1) 「비밀결사」 및 「독서회」 운동

비밀결사란 법률이 정한 신고를 하지 않고 비밀로 하는 결사이다. 1926년부터 1930년에 걸쳐 일어난 전국적인 학생항일운동에 대한 일제의 가혹한 탄압은 한국 학생들의 교육 환경을 더욱 암흑시대로 만들었다. 일제 식민지 정책이 날로 강화되었기 때문이다. 일제는 전술한 황민화 교육정책을 실시하여 한국민의 민족혼을 말살하려 하였고, 심지어 창씨개명을 통한 황민화를 기도하였다. 그리하여 학생운동과 민족운동이 순조롭게 전개되지 못하였다. 1920년대와 같은 실력 행사는 없었지만, 학원 내에서 정예화한 적은 수의 학생들이 만든 지하 결사 항쟁이 그 주류를 이루었다.105)

1932년 신간회(新幹會)가 해산되어 기성세대의 민족운동이 지하 활동으로 바뀐 것처럼, 1930년대 학생운동도 지하 조직으로 방향을 전환하여 비밀결사 운동으로 전개되었다. 그렇지만 기성세대의 민족 운동이 침체, 위축되었던 것과는 달리, 학생들의 비밀결사는 더욱 심화되고 조직적인 활동을 전개하였고, 일제 식민지 정책에 대항하여 사려·선택·결심하여 실행하는 능력은 더욱 강해져 갔다.

이제 1930년 이후의 일제 당국에 발각된 「학생비밀결사」 중 중요한 것을 추려보면 다음과 같다(학생비밀결사 사건의 공판 내용은 여러 가지 사정으로 생략한다).106)

---

105) 「高等警察報」(第5號), p.52.

106) 朝鮮總督府 警務局, 「最新二於ケル朝鮮治安狀況」, 昭和9年(1934) 5月, p.99. 1930~1933년의 4년간 일제에 의하여 발각된 학생비밀결사 사건 중 그 성격이 민족운동과 관계있는 것만 추려본 것이다.

비밀결사의 성격을 분석해 볼 때, 가장 두드러진 것은 독서회를 통해 새로운 사상을 전하는, 특히 반전반제(反戰反帝)를 목적으로 한 비밀결사가 시대 조류에 의하여 나타난 것이다. 그 대표적인 예를 들어보면 다음과 같다.

1929년경부터 경성제대 예과 한국 학생들 사이에는 학생 독서회가 조직되어 있었다. 이 독서회가 발전하여 1931년 3월경부터 경성제대 법학과 학생을 중심으로 반제부(反帝部) 조직이 싹트기 시작하였다. 그리하여 같은 해 3월경 경성제대 법학과생 신현중(愼弦重)이 같은 학과 일본인 학우 이치카와 아사히코(市川朝彦), 조규찬(曺圭讚) 등과 더불어 관훈동에 있는 중화원에서 화합을 갖고 경성제대 1·2·3학년에 재학중인 독서회 학생을 포섭, 반제부 결성을 합의하였다. 그리고 다시 내자동 26번지의 신현중 집에 모여 이를 확인하였다. 그 뒤 이를 기반으로 경성제대 반제부 지하조직으로 확대, 경성치과의전, 제2고보, 경신학교, 법학전문, 기독교청년학관의 학생으로 반제부를 결성케 하고, 이들을 총망라하여 「반제경성도시학생협의회」를 결성하였다.

이리하여 위의 회에서는 지하출판물로서 성대독서(城大讀書) 뉴스와 「반제학생신문(反帝學生新聞)」을 발간하여 배포하고 반전반제를 위한 격문을 인쇄 살포하여 민족의식을 고취하면서 일제 식민지 정책에 대항하였다.[107] 이와 같은 활동은 같은 해 9월 21일 일제 경찰에게 발각되었고 관련자 50명이 체포되었다. 그중 19명이 예심 종결 4개월만인 1932년 7월 4일부터 공판에 회부되어 같은 해 11월

---

107) 朝鮮總督府 學務局, 『高等警察用語辭典』, 朝鮮總督府, 1933, p.171.

24일 언도공판을 받았는데, 그 내용은 다음과 같다.[108]

1931년 11월 11일 평남 평양공립고등보통학교 전교생 600여 명이 항일운동으로 교내에서 시위를 감행하다가 동맹휴학에 들어갔다. 이것은 이 학교 독서회의 주동으로 일어난 것이다. 이 학교 학생 변광식(邊光植)·김재선(金在善)·김두칠(金斗七)·김봉섭(金鳳燮)·차영석(車榮錫)·김상현(金相賢)·김일권(金日權)·차두찬(車斗讚)·장덕찬(張德燦)·김봉천(金鳳天) 등은 같은 해 4월 25일 비밀결사인 독서회를 조직할 것을 결의하고 회합을 통하여 일제의 식민지 정책을 비판하였으며, 회의 운영비는 각자가 균등하게 각출하여 매회 선전 활동비로 사용하였다. 같은 해 8월 1일에는 반전 격문을 작성, 살포하기로 하였다.

이와 같은 독서회 활동이 활발해지자 학교 당국은 그 주모자인 변광식을 같은 해 9월 퇴학시켰고, 김재선·김두칠 등은 경찰에 체포되는 사태가 발생하였다. 이에 같은 학교 학생들은 실력 행사로 동맹휴학에 돌입하였다.

이러한 평양고보의 비밀결사 독서회는 평양사범·여고보·광성고보 등의 비밀결사와도 깊은 관계를 맺고 평양 지방의 항일학생운동을 주도해 나갔다.[109] 1932년 6월 14일 함남의 함흥고등보통학교생 6명, 함흥농업학교생 2명, 사립영생고등보통학교생 78명, 사립영생여자고등보통학교생 4명 등 도합 90명의 학생이 함남경찰부에 의하여 체포된 사건이 일어났다. 함흥 지방의 각 중등학교 학생들은 학교별로 독서회를 조직하여 항일운동을 전개하다가 통합된 단일 협

---

108) 「동아일보」 1932년 11월 25일. 언도 공판 내용은 수록.
109) 「동아일보」, 1931년 11월 12일, 11월 13일, 11월 22일.

의체를 구성하고자 하였다. 이를 위해 함흥고등보통학교·농업학교·상업학교·영생고보·영생여고보 등의 대표가 학생공동위원회를 조직하였고, 같은 해 6월 15일 대대적인 학생 반제운동(反帝運動)을 전개하려다가 발각된 것이다.[110]

1932년 12월 16일에는 충남 예산공립농업학교의 박희남(朴熙南) 등을 중심으로 한 재학생과 일부 졸업생들로 구성된 학생비밀결사가 발각되어 23명이 검거되었다. 이들은 반제반전(反帝反戰)을 목표로 한 독서회를 조직하여 교내 교외에 걸쳐 활동하며, 이 지역 농촌 청소년들에게 광범위한 영향을 끼쳤다. 이 사건으로 23명의 검거자 중 11명이 송치되어 옥고를 치렀다.[111]

이상에서 몇몇 학교에서 있었던 반제반전 운동을 살펴보았다. 이들은 어디까지나 당시 나타난 학생운동의 일부 사례에 불과하다. 1933년 이후로도 비밀결사는 계속 조직되고 학생들의 항일운동은 끊임없이 전개되었다. 1934년 함남 함흥고등보통학교의 독서회, 1937년의 강원도 춘천고등보통학교의 상후회, 강릉고등보통학교의 무탁 책임자회, 1939년 보성전문학교의 효법회, 1940년 대구사범학교의 연구회 다혁단, 1942년 대구상업학교의 태극단 등이 대표적이다.[112]

2) 문자보급운동

1920년대 후반기부터 일제는 우리 민족의 문화를 말살하려는 정

---

110) 「동아일보」, 1932년 6월 15일.

111) 「동아일보」, 1932년 12월 20일, 12월 22일, 12월 25일, 12월 28일; 1933년 1월 4일, 1월 7일, 1월 23일.

112) 김호일, 「일제하 학생단체의 조직과 활동」, 『사학연구(史學硏究)』(제22호), 한국사학회, 1973, pp.115~161.

책을 강행하기 시작하였다. 즉 한국인이 한국의 역사와 문화적 전통을 알고 한글을 배우게 되면 민족적 긍지를 갖게 되며 따라서 반일 의식이 고조될 것이라는 것을 깨닫고 민족 문화를 완전히 말살하여 한국 통치를 영원히 지속하고자 하였다. 이러한 일제의 문화 탄압 정책에 반발, 민족 문화를 보존하고 발전시킬 수 있는 길은 강경한 시위운동이나 무력적 대결보다는 계몽운동을 통하여 전 민족의 실력을 길러야 한다는 전제 아래, 민족운동가들은 문자보급운동을 전개하게 된다.

앞에서 이미 전술한 바와 같이 1921년 12월 3일 휘문학교 교장 임경재·중앙학교 교장 최두선·보성학교 교두 이규방·휘문학교 교사 권덕규·조선일보사 문화부장 장지영·보성중학교 교사 이승규·한성사범학교 출신 신명규 등이 발기하여[113) 서울 시내 조선어 담당 교사를 중심으로 하여 조선어학연구회(朝鮮語學硏究會)가 창립되었고, 그 뒤 1931년 1월 10일 「조선어학회」로 개칭하면서 우리말, 우리글을 꾸준히 연구하고 있었다. 그러나 실질적으로 일반 대중에게 보급한 것은 「한글학회」가 후원 형식으로 개최한 강습회이며, 특이한 것은 「브나로드운동」의 조선어 강습 부분이다.

1929년 전국적인 학생운동이 일어나기 전, 여름방학부터 조선일보 사가 주동하여 귀향 학생의 문자보급운동이 일어났다. 제1회(1929년) 의 성과는 참가 학생 409명, 퇴치된 문맹 수가 2,849명으로 나타났다. 그러나 실제에 있어서 문맹 퇴치자 수는 참가 학생 409명 중 91명이 보고한 숫자이므로 전체 수는 1만 명이 넘는 것으로 보아야 한

---

113) 한글학회50돌 기념사업회 편, 『한글학회 50년사』, 한글학회, 1971, p.5.

다.114) 조선일보사의 문자보급운동은 이후 해마다 계속되었으나, 1935년 총독부의 중지령으로 중단되고 말았다. 제2회(1930년) 때에는 문자보급운동에 참가한 학생이 900여 명, 문맹 퇴치자가 10,567명이나 되었다. 참가 학교도 46개교였다.115)

문자보급운동을 위한 조선일보사의 노력도 대단하여 참가 학생들에게 「아는 것이 힘이다 배워야 산다」 「가르치자 나 아는대로」의 구호가 들어 있는 한글 원본을 교재로 사용케 하였으며, 1930년 12월에는 「문자보급가」를 공모, 1931년 신년호에 다음과 같은 이은희(李恩姬)가 지은 문자보급가를 당선작으로 발표하였다.116)

문자보급가

이은희

맑은 시냇가에는 고기 잡는 소년들
일할 때 일하고, 배울 때 배우세
(후렴) 아는 것이 힘, 배워야 한다

한편, 조선일보사에서는 해마다 계몽운동을 마치고 9월에 상경하는 학생 중 성적이 우수한 자에게는 학비를 보조해 주었다. 이러한 문자보급운동은 지방에 사는 국민의 열렬한 호응을 얻으며 전체적인 민족운동의 단결을 보여주었다. 특히 1929년 12월 21일 『한글학회』 10만부를 발행하여 문맹촌에 배부함으로써 우리글에 대한 올바른 인식을 갖게 하였다.

---

114) 정세현, 「일제말기항일학생운동」, 『숙대사론(淑大史論)』(제8집), 숙명여대사학회, 1974.
115) 조선일보 50년사 기념사업회, 『조선일보50년사』, 조선일보사, 1970. pp.131~132.
116) 조선일보 50년사 기념사업회, 『조선일보50년사』, 조선일보사, 1970. p.133.

1929년부터 1934년까지 6년에 걸쳐 조선일보사의 문자보급운동에 참가한 학생 수는 125교, 참가 인원 4,917명, 특별반 161명, 합계 5,078명이었다.[117)

조선일보사와 함께 민족의 2대 언론기관지였던 동아일보사에서도 전술한 인용문에서와 같이 문자보급운동에 적극 가담하였다. 1928년 4월 동아일보사는 창간 8주년 기념 행사를 핑계 삼아 「문맹퇴치운동」을 전국 각지에 걸쳐 전개하려 했으나, 조선총독부 경무국이 금지시켜서 중지한 일이 있었다. 그러나 다음 해 하기 방학에 학생들이 중심이 된 조선일보사의 「문맹타파운동」이 크게 성공하였고, 이에 동아일보는 1931년 7월부터 「브나로드(Vnarod) 운동」을 할 수 있었다.[118) 이 브나로드운동은 민중 계몽운동이었는데 신동아에서는 다음과 같이 말하고 있다.[119)

1931년 7월부터 「브나로드」라는 슬로건을 내걸고 농촌 계몽에 착수하였다. 조선일보의 방식과 마찬가지로 하계 방학을 이용하여 학생들을 동원, 각 지방에 흩어져 마을마다 야학을 개설하는 이 운동은 문맹자에게 한글을 가르치고, 위생 지식을 가르치고, 음악 · 연극 · 오락 등을 지도하여, 민족의식을 고취시키자 하는 목적이었다.

「브나로드」라는 말은 원래 러시아의 지식 계급이 노동자 농민 속에 뛰어들어 민중들과 같이 생활하며 지도하던 민중운동을 지적한 것인

---

117) 「조선일보」, 1934년 6월 10일.
118) 한글학회50돌 기념사업회 편, 『한글학회 50년사』, 한글학회, 1971, p.320.
119) 최승만, 「삼대 민족지의 언론투쟁」, 『신동아』(통권62호) 1969년 10월호, pp.322~333.

데, 그중에서 다만 「대중 속으로」라는 말만을 따서, 2천만 인구 중 약 8할에 가까운 1천 3백만의 문맹자를 계몽하자는 것이다.

이 운동은 학생 계몽대를 주축으로 하여 학생 강연대, 학생 기자대 등 세 분야로 조직되었다. 학생 계몽대는 남녀 고보생 4, 5학년 학생들로 구성하여 일주일 이상 한글과 산술을 가르치게 하였고, 학생 강연대는 전문학교 이상의 학생들로 구성하여 학술 강연, 시국 강연, 위생을 담당케 하였다. 학생 기자대는 고보 3. 4학년생과 전문학교생으로 하여금 여행, 일기, 고향 통신, 생활 수기, 풍경 등을 신문에 투고하도록 하였다. 그러면서 지방 유지 등을 지원자로 계몽·별동대를 조직하여 학생 계몽대와 함께 학술 강연토록 하였다.[120]

이들은 동아일보사가 발행한 이윤재(李允宰) 편의 『조선문 대본』과 백남규(白南圭) 편의 『숫자 대본』을 배부받고 각기 담당 지역에서 활동하였다. 이들 계몽대(啓蒙隊)의 경비는 그 지방의 종교 단체와 문화 단체 및 유지들의 성금으로 충당하였다. 특히 계몽대원은 사랑과 긍지로 활동하였으며, 조선일보사와 같이 대원 중 우수한 실적을 올린 학생들을 위한 학비 보조와 시상 제도가 마련되어 있었다. 1931년 브나로드운동에 동원된 인원은 423명이었고, 강습지는 142개소였다.[121] 제2차 연도인 1932년에는 서울명신여학교 11명, 경성보육학교 4명, 동래 일신여학교 23명, 광주수피아여학교(須被亞女學校) 22명, 간도(間島) 광명여학교 8명 등 여학생도 적극 가담하였다.[122] 동아일보의 브나로드운동은 1935년 조선총독부 경무국의 중지 명령으

---

120) 최승만, 「삼대 민족지의 언론투쟁」, 『신동아』(통권 62호), 1969년 10월호, p.334.

121) 최승만, 「삼대 민족지의 언론투쟁」, 『신동아』(통권 62호), 1969년 10월호, p.334.

122) 「동아일보」, 1932년 7월 15일.

로 중단되고 말았으나, 4년 간의 총결산을 「동우」(東友: 동아일보사
가 1964년 8월 29일 발행)에서 추려 보면 다음과 같다.[123]

<표 4-9> 동아일보사의 브나로드운동 집계

연도별	제1회(1931)	제2회(1932)	제3회(1933)	제4회(1934)	합계
운동기간	62일간 7.21~9.20	82일간 7.11~9.30	81일간 7.12~9.30	73일간 7.2~9.12	298일
개장총일수	2,289일	8,182일	6,304일	3,962일	20,737일
계몽대원수	423명	2,724명	1,501명	1,098명	5,761명
강습지	142곳	592곳	315곳	271곳(만주 29, 일본 7 포함)	1,320곳
수강생총인원	9,492명	41,153명	27,352명	20,601명	98,598명
교재 배부수	30만 부	60만 부	60만 부	60만 부	210만 부
금지	11개월	69개 처	67개 처	33개 처	180개 처
중지		10개 처	17개 처	26개 처	53개 처

이상과 같이 실적을 올리는 동안 금지당하기를 183곳, 중지당하기
를 53곳이라는 서러움을 겪다가 마침내 제5회 1935년 6월 7일 전면
금지를 당했다. 이 계몽에 앞서 가르친 계몽대 교육에서 주목할 점은
학생들이 담당하여 가르쳤다는 것이다. 다시 말해서, 이 시대의 문자
보급운동은 2대 언론기관에서 주최하였으나 학생들이 그 중심적 역할
을 하였다는 것이다. 이에 한국교육사적 의미가 큰 것으로 생각된다.

---

123) 한글학회, 『한글학회 50년사』, 한글학회, 1971, p.521.

차석기(車錫基)

1929년 4월 8일생
본적: 충남 당진시 고대면
학력: 중앙대학교 대학원 문학석사, 고려대학교 대학원 문학박사
경력: 고려대학교 사범대학 교육학과 교수,
　　　한국교육사연구회 (현 한국교육사학회) 회장 역임,
　　　현) 고려대학교 명예교수

■ 주요 저서
- 『동양교육사(중국-일본-인도)』, 집문당, 1975.
- 『한국 민족주의 교육의 연구』, 진명문화사, 1975.
- 『서양교육사』, 집문당, 1982.
- 『일제하 민족교육과 식민지교육의 갈등』, 한국정신문화연구원, 1987.
- 『식민지 교육정책 비교연구』, 집문당, 1989. 한국교육학회 〈학술상〉 수상(1984)
- 『한국 민족교육의 생성과 전개』, 태학사, 1990. 오천석기념회 〈천원학술상〉 수상
- 『한국 근대 교육사상 연구』, 고려대 민족문화연구소, 1992.

■ 역서
- 『교육철학』(R. 울리크 저), 집문당, 1987.
- 『중국교육사상』(任時先 저), 교학사, 1985.

시 대 로 보 는

한 국
교 육 사

초판인쇄 2020년 7월 22일
초판발행 2020년 7월 22일

지은이 차석기
펴낸이 채종준
펴낸곳 한국학술정보㈜
주소 경기도 파주시 회동길 230(문발동)
전화 031) 908-3181(대표)
팩스 031) 908-3189
홈페이지 http://ebook.kstudy.com
전자우편 출판사업부 publish@kstudy.com
등록 제일산-115호(2000. 6. 19)

ISBN 979-11-6603-022-2 93370